RICARDO MONTI

TEATRO

Estudio Preliminar:
OSVALDO PELLETTIERI

RICARDO MONTI

TEATRO

Estudio Preliminar:
OSVALDO PELLETTIERI

Una pasión sudamericana
Asunción
La oscuridad de la razón

Colección Dramaturgos Argentinos Contemporáneos

Monti, Ricardo
  Teatro 1 : Una pasión sudamericana. Asunción. La oscuridad de la razón / Ricardo Monti ; con prólogo de: Osvaldo Pellettieri - 2a ed. - Buenos Aires : Corregidor, 2005.
  256 p. ; 20x13 cm. (Dramaturgos argentinos contemporáneos dirigida por Osvaldo Pellettieri)

  ISBN 950-05-1604-7

  1. Teatro Argentino. I. Osvaldo Pellettieri, prolog. II. Título
  CDD A862

Diseño de tapa:
Departamento de Arte sobre diseño de colección de Estudio Manela & Asoc. S. Manela + G. Soria

Fotografía de tapa:
"La oscuridad de la razón". Teatro Payró. Temporada 1993.
Dirección: Jaime Kogan

Todos los derechos reservados.

© Ediciones Corregidor, 2005
Rodríguez Peña 452 (C1020ADJ) Bs. As.
Web site: www.corregidor.com
e-mail: corregidor@corregidor.com
Hecho el depósito que marca la ley 11.723
ISBN: 950-05-1604-7
Impreso en Buenos Aires - Argentina

Este libro no puede ser reproducido total ni parcialmente en ninguna forma ni por ningún medio o procedimiento, sea reprográfico, fotocopia, microfilmación, mimeógrafo o cualquier otro sistema mecánico, fotoquímico, electrónico, informático, magnético, electroóptico, etc. Cualquier reproducción sin el permiso previo por escrito de la editorial viola derechos reservados, es ilegal y constituye un delito.

TRAYECTORIA DE RICARDO MONTI

1. Obras
1970. *Una noche con el Sr. Magnus & hijos.*
1972. *Historia tendenciosa de la clase media argentina.*
1977. *Visita.*
1980. *Marathon.*
1981. *La cortina de abalorios.*
1989. *Una pasión sudamericana.*
1993. *Asunción.*
1994. *La oscuridad de la razón.*
1994. *Rayuela.* Adaptación de la novela de Julio Cortázar.

2. Premios
1970. "Pilar de Luzarreta" (ARGENTORES), para autores noveles por *Una noche con el Sr. Magnus & hijos.*
"Sixto Pondal Ríos" (Fundación Odol), para autores noveles por *Una noche con el Sr. Magnus & hijos.*
1976. "Carlos Arniches" (España) por *Visita.*
1989. "Argentores" por *Una pasión sudamericana.*
"María Guerrero" por *Una pasión sudamericana.*
"Pepino el 88" por *Una pasión sudamericana.*
1992. 1° Premio Nacional de Teatro (período 1988-1991) por *Una pasión sudamericana.*
1993. "Florencio Sánchez" (Casa del Teatro) por *La oscuridad de la razón.*
"Léonidas Barletta" (FUNCUN) por *La oscuridad de la razón.*
"Argentores", por *La oscuridad de la razón.*
"Premio Anual a la Labor Teatral" (Municipalidad de la Ciudad de Buenos Aires) por *La oscuridad de la razón.*
"Promea" (Contribución a los Medios de Difusión) por *La oscuridad de la razón.*

Diploma de Honor de Konex (A las figuras destacadas en Teatro de la última década).
"ACE" (Asociación de Cronistas del Espectáculo) al mejor espectáculo dramático, por *La oscuridad de la razón*.

El teatro de Ricardo Monti (1989-1994): La resistencia a la modernidad marginal [1]

por OSVALDO PELLETTIERI

La tercera fase[2] del teatro de Ricardo Monti, que comienza con *Una pasión sudamericana* y continúa con *Asunción*, y muy especialmente con *La oscuridad de la razón*, es fundamental para entender el estado del teatro argentino actual. No sólo por los incuestionables méritos de estos trabajos –sin duda, de los más importantes de nuestro teatro– y por ser claves dentro de su evolución textual, sino también por una serie de motivos contextuales que los colocan como un hecho privilegiado dentro de nuestro panorama cultural.

En esta introducción, nos proponemos ubicar la textualidad de Monti dentro de nuestro sistema teatral, evaluar su unidad y luego su diferencia, en el análisis de *Una pasión sudamericana, La oscuridad de la razón* y finalmente, *Asunción*.

I. Ubicación de la textualidad de Monti

La obra de este dramaturgo implica algo casi anacrónico para nuestra realidad teatral: el advenimiento de un exponente del denominado "teatro de autor".

En los setenta, cuando gran parte de la crítica descreía de este tipo de hechos, Monti emerge, como antes Sánchez, Discépolo, Arlt, Cossa o Gambaro, con su muy característico mundo propio.

Expone en cada una de sus ocho piezas, aunque de manera muy diversa, parecidas dudas existenciales y estéticas.

Su primer texto, *Una noche con el Sr. Magnus & hijos* (1970), se presentó en el momento en que se producía en nuestro teatro un intercambio de procedimientos entre las tendencias realista reflexiva y neovanguardista, originadas en los sesenta. Las primeras piezas de Monti se pueden incluir dentro de esta tendencia sintetizada por un desarrollo teatralista destinado a probar una tesis realista.

Sin embargo, no lo hizo a la manera de las obras realistas reflexivas de Cossa, ni a la de las neovanguardistas de Gambaro. Estos autores, a medida que concretan la segunda fase o versión de su teatro, intensifican la inmediatez ilusionista, y aunque Cossa en textos como *La nona* y *Ya nadie recuerda a Frederic Chopin* incluye procedimientos teatralistas, lo hace con el fin de hacer aún más transparente su tesis realista. Los une semánticamente, su gusto por el optimismo didáctico del testimonio, por la transparencia del teatro visto como pura comunicación.

El camino que tomó Monti desde su primer texto fue el de una progresiva intensificación de la densidad simbólica de su teatro, que obra por acumulación, desarrollo y reiteración. Esta progresiva intensificación es la que marcará, con polos de inflexión en *Visita* (1977) y *Una pasión sudamericana*, los distintos modelos de su teatro. Desde la parodia a la institución familiar a través de la transgresión de los roles sociales y del ritual de *Una noche con el Sr. Magnus & hijos*, pasando por las todavía "románticas" versiones de la historia nacional de *Historia tendenciosa de la clase media argentina* (1972) y *La cortina de abalorios* (1981). En ellas, la mezcla de registros del teatro popular, el circo, el music-hall, el teatro épico, entre otros, no podía disimular que se describía el pasado con el fin de "poner en intriga" la primacía del hecho como eje de la dinámica histórica; de denunciar la manipulación de los acontecimientos del pasado en los cuales se pudiera rastrear el desastroso estado de cosas de nuestra actualidad, hasta el absurdo satírico[3] de *Visita* y *Marathon* (1980), cuyo principio constructivo es de la postergación de la acción y del diálogo y las falsas esperanzas que sugiere a partir de la ironía y de la ambigüedad en el primer caso y el de la parodia a los roles sociales en el segundo[4], se puede advertir la profundidad del cambio que propone Monti. Si bien no corta con el sistema abierto en la década anterior, inscribiéndose dentro de lo que denominamos "modernidad marginal" –que incluye un limitado manejo de la utopía de la modernidad, cosmopolitismo, culto de la originalidad, el teatro visto como hecho didáctico, polémico (Pellettieri: 1990a; 1990b)—, entra en colisión con él, no permitiendo que la realidad o los prejuicios o conceptualizaciones sobre ella limiten la imagen teatral.

En estos textos Monti se proponía –especialmente a partir de *Visita*– como un "poeta", como el creador de una poética propia en la que el lenguaje se presenta bajo la estricta polisemia, que implica "la solidaridad de lo simbólico y de la interpretación, los cuales no son más que dos vertientes, producción y recepción de un mismo fenómeno"[5]. El discurso de su teatro concretaba la palabra-acción bajo múltiples e imprevisibles distorsiones y únicamente podía ser aprehendido por el receptor si éste apelaba a un código que no debía ser sólo el de la historia, ni el del lenguaje teatral, sino también el de un "saber". Un campo semántico amplísimo que identificaba al teatro como arte de oposición al microsistema en que militaba.

Al mismo tiempo, su teatro se entroncaba con una módica tradición expresionista en nuestro país[6]. Nos referimos a la obra dramática de Francisco Defilippis Novoa, Roberto Arlt, Alberto Rodríguez Muñoz, entre otros[7].

En síntesis, Monti, además de los distintos intertextos citados recurrió al procedimiento de la "manipulación referencial". Este artificio está basado en el hecho de que:

> el mecanismo referencial es múltiple. A pesar de que lo real no es totalmente desechado, se lo trata en forma alusiva y se lo manipula para que sirva como uno de los componentes subversivos del proceso teatral, que reclama su propia autonomía (Krysinski:11).

El teatro de Monti puede clasificarse en tres fases o modalidades:

1. Teatro de intertexto socio-político: *Historia tendenciosa de la clase media argentina* (1972) y *La cortina de abalorios* (1981). En estos textos, Monti impone algunos cambios al sistema teatral, pero la crítica no advierte la magnitud de las variantes que propone. Aunque es un período innovador, la "forma nueva" todavía está

regida por procedimientos de la vieja –el realismo reflexivo, la neovanguardia–.

2. Teatro del absurdo satírico[8]: anticipado en algunos aspectos de *Una noche con el Sr. Magnus & hijos* y emergente en *Visita* (1977) y *Marathon* (1980). Monti basa sus creaciones en una poética que intensifica la creatividad de la forma primaria. Sus trabajos teóricos de este período lo prueban, al igual que los conceptos expresados en diversos reportajes (Monti: 55 y Adip: 19-22); ya ha concretado conceptualmente su concepción del teatro como literatura. En sus textos se proyecta una metafísica de la creación teatral. La crítica lo canoniza y aparecen las primeras investigaciones universitarias sobre su teatro (Ramos Foster: 37-48; Tirri: 185-192; Podol: 65-72; Zayas de Lima: 109-118; Pellettieri: 1984, 32-44; Monteoleone).

3. Teatro de resistencia a la "modernidad marginal": *Una pasión sudamericana* (1989), *Asunción* (1992) y *La oscuridad de la razón* (1994): se produce una reversión total de la forma secundaria. Su dramaturgia se aparta de las textualidades modernas de la Argentina, se refugia en el "anacronismo" textual. El protagonista, sujeto de la acción busca conocerse, conocer. Su destinador pasa a ser el "ser americano". También se producen cambios a nivel de la intriga que analizaremos más adelante. Todo esto se advierte en la semántica de sus textos, que se postulan como una interpretación mítica de nuestros orígenes. Esta tercera fase de su teatro se aleja de las convenciones del teatro del '60. Practica lo que podemos denominar "cambio consciente" dentro del sistema teatral, constituyendo el período barroco de su teatro.

II. Unidad de su obra

En las ocho piezas de Monti se advierte la concreción de reglas generales de las cuales el resultado es el texto particular. Es una poética muy peculiar en los distintos niveles de texto, por la particular selección y combinación de procedimientos dramáticos.

Su nota básica hasta *Una pasión sudamericana* es la amplificación de la acción. Las secuencias de desempeño, que incluyen pruebas por las que debe pasar el sujeto, construyen el texto en su estructura profunda. Las referencias y la marcación de situaciones son mínimas, lo cual hace que el receptor se enfrente con un ritmo muy sostenido y "con un problema a desentrañar" a cada instante.

La acción se estructura también con secuencias contractuales que establecen pactos y rupturas de los mismos. Dentro de esta organización, el sujeto se muestra muy activo y se enfrenta a cada instante con el pasmo de una extraescena prieta de significaciones, de máxima visibilidad.

La intriga muestra una marcada circularidad, con gran cantidad de breves situaciones de "teatro en el teatro". La causalidad predominante es la indirecta y su sistema de personajes se caracteriza por estructurarse alrededor de roles sociales o políticos, protagonistas que tienen pocas características individuales, pero reúnen una serie de rasgos típicos de un determinado comportamiento social.

Especialmente en la segunda fase o versión de su teatro se altera la "coherencia de la realidad", con bruscos pasajes de lo cotidiano a lo absurdo, de lo realista a lo grotesco, eliminando de ese modo las transiciones, la gradación de conflictos. La escena de Monti está basada en el postulado de "una realidad falsa", que termina siempre en la impostura. Sus personajes son "incoherentes", por más que manejen una verba ampulosa y sistematizada, lógica. Viven en un espacio que es casi siempre cerrado, y la llegada del "otro" transgrede intensamente su temple de ánimo. Por otra parte, la reiteración de comportamientos es la base del accionar de los protagonistas. El mundo del sistema de personajes de Monti es "misterioso", y sus incógnitas están lejos de aclararse durante la representación. Por el contrario, como en otros autores contemporáneos —Pinter o Gambaro, por ejemplo— lo trivial se vuelve monstruoso, ya que los personajes no pueden evadirse de la representación. Hay una relación muy cercana entre lo familiar y lo siniestro, que potencia el procedimiento dominante de la simultaneidad de la acción.

Estos procedimientos van encaminados a lograr un aspecto espectacular —una puesta en escena— en la que prevalece lo simbólico. Los personajes son una síntesis de las fuerzas de lo social y lo político. De este modo logra un movimiento escénico anclado en lo probable y en el principio de la contradicción, con abiertas transgresiones a la poética del realismo reflexivo y de la neovanguardia. Esto se concreta mediante la parodia al encuentro personal y una múltiple mezcla de géneros, de la contaminación —amalgama— de la materia de distintas piezas en el texto.

El aspecto verbal nos introduce en el modo –que estudia los problemas discursivos de la obra dramática–. Sus obras presentan didascalias altamente literaturizadas, y en el plano del discurso de los personajes una preeminencia de la función poética y de la función metalingüística. Es importante advertir la densidad de esta última función y la heterogeneidad en el discurso de los personajes, los que a medida que evoluciona la obra de Monti, se convierten en "discursos citados" –juegos verbales, metaforizaciones, cultismos, frases cristalizadas–. El diálogo, que marca la relación de fuerzas de los actores, establece constantemente relaciones de dependencia en el terreno sociopolítico y el choque de dos formaciones discursivas.

La pragmática del diálogo se caracteriza por un predominio de la fuerza ilocutoria de los enunciados, el contrato de las partes que hace avanzar la acción. Además de la limitada negación del principio cooperativo de la comunicación, especialmente en *Visita*.

El manejo del tiempo muestra el orden del discurso alterando el orden de la historia mediante anticipaciones, retrospecciones y prospecciones. Practica la elipsis dramática y utiliza casi siempre el recurso de la frecuencia a la manera brechtiana: el relato iterativo, en el cual un único discurso evoca pluralidad de acontecimientos es el más usado por Monti, aunque en algunos casos se vale del relato repetitivo en el cual muchos discursos evocan un solo y único acontecimiento.

El punto de vista según la poética codificada se puede sintetizar en la asunción de una práctica teatral moderna, heredera de la neovanguardia del '60, que consiste en la tendencia a "representar lo irrepresentable", a mostrar lo inefable del inconsciente, a dejar ver "lo invisible" de la trama político-social. Monti busca en sus piezas lograr un efecto desautomatizante en el receptor, mediante la condensación de la acción dramática.

La semántica teatralista de la textualidad de Monti sufre una profunda evolución. Desde sus primeros textos se convierte, poco a poco, también en una reflexión sobre el teatro, que dejar ver su simulacro, la representación, que casi siempre es la representación del horror. Este hecho se hace muy evidente en *Una pasión sudamericana*. Por lo tanto, se hace necesario **mostrar la diferencia** de esta última pieza.

III. La diferencia de *Una pasión sudamericana*

Una pasión sudamericana, es el paso más allá en la intensificación de la densidad semántica del teatro de Monti; por eso reclama del espectador una estricta competencia para decodificar la acumulación, desarrollo y reiteración simbólica. La lectura o la visión del texto implica un verdadero desafío hermenéutico para el receptor, desde su mismo inicio –con la entrada fantasmal de Farfarello y los locos–, hasta la mirada final del Brigadier. Trataremos de especificar los cambios que introduce en la obra de Monti, *Una pasión sudamericana*. Creemos que se trata de dos, pero que repercuten en todos los niveles del texto dramático.

1. Cambios en la relación de drama e historia, conseguidos por la intensificación y amplificación de la dimensión simbólica del texto.

2. Concreción de lo que denominamos un teatro de resistencia contra la modernidad domesticada por las instituciones mediadoras de la cultura oficial. En el período anterior se había opuesto a ese teatro. A partir de *Una pasión sudamericana* propone otra manera de producir textos dramáticos. Monti apela nuevamente a la mezcla de géneros, pero tiene en cuenta la experiencia fracasada de la modernidad teatral de los treinta y los sesenta; ya no pretende destruir los modelos del pasado universal y argentino. Hace todo lo contrario: se basa en ellos. Esto lo veremos con claridad más adelante, especialmente con relación a la tragedia y el misterio.

1. Primero enunciaremos los cambios en la relación entre drama e historia.

Evidentemente, hay un referente histórico implícito en *Una pasión sudamericana*. La anécdota de la pieza relata la noche y el amanecer en el que morirán Camila y su amante, personajes históricos. Durante el segundo gobierno de Juan Manuel de Rosas, en 1848, Camila O'Gorman –hija de una familia ligada al poder rosista– y el cura Ladislao Gutiérrez, se convirtieron en amantes y huyeron de Buenos Aires. Rosas concretó lo que hace el Brigadier en el texto: prendió a la pareja y la hizo fusilar, influido seguramente por las críticas de la oposición. Estos hechos dieron lugar a un gran tradición textual, desde el ensayo a la poesía y desde la novela al cine.

Además hay otros personajes históricos en el texto de Monti: Biguá, Corvalán y un caso como el de Jorge Canning –Ministro Británico de Relaciones Exteriores– que murió en 1823, buscada anacronía con fines irónico arquetípicos.

Seguramente, estas señalizaciones de la anécdota han hecho que parte de la crítica periodística ubicara al texto como absolutamente referencial y buscara en él "la verdad histórica".

Creemos que es una manera de limitar el texto, de confinarlo caprichosamente a la "realidad". Sobre todo en un caso como el de *Una pasión...* en el que el discurso textual se adhiere a lo mitológico y lo arquetípico. Es evidente que estos críticos fueron empujados a proponer esta relación verdadero-falso, por la anterior concepción de la historia que proponía el teatro de Monti. "Tendenciosa" en el sentido de que el teatro debía ser el "captador" de un estado anterior que explica el presente. El hecho es que incluyeron el texto dentro de su propia serie histórica.

En *Una pasión...* no existe la intención de tomar partido por uno de los bandos en lucha (unitarios y federales) en nuestro país durante el siglo pasado, como lo había hecho *Historia tendenciosa* con relación a la historia argentina contemporánea. En este sentido, la nueva pieza de Monti representa frente a la anterior una palinodia, una suerte de retractación de lo afirmado con anterioridad. Esto lo ha aclarado con propiedad González (1989), en uno de los pocos trabajos importantes que ha suscitado el estreno:

> las alegorías históricas son desmentidas por un texto que retrocede hasta las raíces míticas del lenguaje y la materia histórica está sometida a una ironía permanente. Hay una deliberada ingenuidad literal que contrasta con una violentación interna que domina acciones y pensamiento.

Es por esto que a nivel del punto de vista o focalización, el enigmático avance de su discurso "impide" que el espectador pueda concretizar un sentido "histórico" acerca de la versión del pasado que propone el texto, un hecho fundamental para el denominado teatro histórico tradicional. Termina la representación y felizmente "se ignora por dónde pasa la obra". Siempre predomina la ambigüedad, el significado oculto sobre el aparente. Es un texto en clave. Recala en el mito, una manera de referirse al mundo por medio de la ficción, pero que quiere anclarse como respuesta simbólica a la realidad: dar su versión de los orígenes de la nación. En este sentido es un mito, simboliza y reproduce la creación. Le añade valor. Obra por acumulación.

La mirada final parece ser reveladora: el nacimiento del niño de los amantes que acaban de ser fusilados por orden del Brigadier. Polemiza audazmente con su intertexto bíblico y con la "Egloga IV" de *La Eneida*, de Virgilio, ya que señala el comienzo de tiempos "irónicamente" beatíficos para el país. Decimos esto, porque apelando a otro intertexto bíblico, el Brigadier deja libre al asesino Barrabás. El nacimiento del niño no acaba con la "edad de hierro". Además, la condena de los amantes y la mencionada liberación de Barrabás

> no pretende ganar un nuevo significado a la acción tradicional sino más bien reemplazarla parcialmente por otra nueva (...) contraria (...) Aquí la adaptación no parte de la multiplicidad de interpretaciones del signo para establecer la univocidad mediante un nuevo signo, sino que de la determinada negación del significado del signo transmitido surge la necesidad de reemplazarlo por otro nuevo. (Zsondi: 169-179)

La nueva interpretación sería la del mito como una módica anábasis, un pasaje de la discordia, del caos a las musas. De las tinieblas –la negación– en las que comienza la pieza hasta la instauración de la luz potente del amanecer final.

Se habla reiteradamente de que se está "haciendo un mundo". Todo está por hacer: "Barro, fiebre y sangre, amasándose. Acá, Dios no terminó de soplar. La Creación está en el horno". Esto lo dice el Brigadier antes de tomar sus "fundacionales" decisiones finales.

El texto "discute" constantemente, entra en polémica abierta u oculta, según los casos, con los distintos discursos ideológicos del mito liberal y del mito revisionista. También ironiza, parodia o denigra la palabra de los textos reivindicadores de Camila y su pasión. En el discurso del Brigadier –especialmente en sus encuentros personales transgredidos–, en el de Farfarello, en el de los locos, está siempre presente "la palabra del otro", que el lector-espectador debe relacionar. Así, la palabra de la *Biblia* –el *Viejo* y el *Nuevo Testamento*–, la de *La Divina Comedia*, la de la canción litúrgica de la Italia del siglo XIV, la de Sarmiento, Alberdi,

Mármol, hasta la de la *Camila*, en la versión cinematográfica de María Luisa Bemberg, aparece, no como fuentes, sino como contrincantes.

Monti amplifica en *Una pasión...* un procedimiento estructurante de su teatro anterior: el del metateatro. El texto reflexiona con fluidez sobre sí mismo, es una serie de citas sobre sí y sobre otros textos.

Otro cambio en la relación teatro e historia propuesto por *Una pasión...* es que está tan lejos de postular un héroe ejemplar, como en el teatro romántico, como de parodiar el discurso histórico con el fin de inducir al espectador a la acción, como ocurría en el teatro argentino de los setenta. Esta superación se produce en gran medida por la intensificación de los procedimientos de la intriga.

Crea un "arquetipo apasionado", el Brigadier. Este personaje es una suerte de **sol** del cual emana directamente el sistema de personajes de la escena. Tanto es así que no se sabe bien si, por ejemplo, los locos "existen" o son su proyección.

Es el "soñador" –su carácter y actividad están relacionados con el concepto de "ensueño" de Freud y con el de "sueño" en el sentido que le otorga Jung–. Es por ello que actúa como "personaje itinerante" y como "personaje aislado, desdoblado".

a) Como personaje itinerante: el Brigadier se halla inmerso en una búsqueda de la comprensión del país y de sí mismo.

Desde esta situación ha convocado a Farfarello –en italiano, "espíritu maligno"–. "Podés armar tu teatro de sueños", le dice. El italiano, luego de definir el amor como "un figliol de la oscuridad y del sueño, cuando el cuerpo se libera", conjura a los locos para que desde su sueño, teatralicen el misterio de los amantes. Las estaciones de este procedimiento que enmarca la intriga –Infierno, Mundo, Purgatorio, Paraíso– se presentan también como una anábasis, como un itinerario de purificación hacia la "harmonía", tanto para el Brigadier como para su comprensión de Camila y su amante. En este sentido, el texto dialoga con la novela *Enrique Ofterdigen* (1802), de Novalis, ya que en el comienzo encontramos el signo de la integración –el sueño–, y este tiene momentos de pasaje y momentos de integración, tal como ocurre en la obra de Monti.

Los locos pasan durante los misterios de la periferia al centro dramático de la intriga. El Brigadier, a su vez, comienza "jugando" a presenciarlos. Poco a poco, cada uno de ellos es una experiencia total para él. Los misterios consiguen que "se excluya" él también de la cordura (Foucault: 1980, 12-13), lo hacen vivir una experiencia inefable. La locura se convierte así en una de las dimensiones privilegiadas del texto y también del mundo del espectador. Finalmente, el juego inicial se convierte en una ceremonia con el propio Brigadier en su centro dramático; durante el Purgatorio penetra en el sueño:

> Se incorpora con esfuerzo y se dirige, vacilante, hacia las penumbras. Allí el Brigadier intenta detener y golpear a los locos, pero todos, como atrapados en una zona de irrealidad y sueño, se mueven con exasperante lentitud y blandura (...) Repentinamente, se produce un espeso silencio. Hay un remolino de sombras, que al abrirse deja ver al Brigadier de pie, con la corona de rosas llameantes en su cabeza.

Luego de golpear entra el Edecán, quien le hace notar que su frente está sangrando. La respuesta del Brigadier también penetra en el mito: "Esta es sangre de sueño".

Sin duda los misterios se convierten para el protagonista en una "visita" al interior de sí, que supera la experiencia "esencial" que había realizado el personaje de Equis en *Visita*.

Una pasión... tiene en sus personajes la característica dominante del expresionismo: la concentración, la sintetización de su carácter, que le permite, especialmente en el caso del Brigadier, llevar adelante, sin psicologismos, una poética de la confesión, de lo incierto e inestable del hombre.

b) Como personaje aislado o desdoblado: su búsqueda lo aísla y el aislamiento termina en un claro desdoblamiento. Parece encontrarse frente a un espejo deformante. Los demás le devuelven su rostro; esta situación se repite con los amantes, con Flores, pero muy especialmente con el Loco y con Barrabás. El Loco, su enemigo, reduplica sus búsquedas y lo imagina: "a la luz de la vela, con los ojos abiertos, brillantes. Tiene fiebre y sueña. ¿Qué sueña?", o "A cada movimiento del loco, que es un asesino, como en espejo le respondo con otro movimiento. Porque ahora vemos por espejo (mira a Barrabás)". Este último ejerce verdadera seducción sobre el Brigadier desde el principio de la pieza: parecen reconocerse como iguales:

> (Barrabás) sostiene con el Brigadier una intensa, hipnótica mirada (…) Luego se acerca unos pasos hasta quedar con el pecho pegado al del Brigadier y con la misma lentitud comienza a cerrar en torno a éste sus brazos (…) (luego) abre los brazos en cruz con un gesto brusco.

El brigadier considera a Barrabás como él mismo pero en una situación privilegiada:

> Este hermano (señala a Barrabás) no se contentó con asomarse nomás al misterio del cuerpo (…) Él entró, cuchillo en mano, en el misterio (…) en la carne viva… Rompió y despedazó al entrar… Y ahí quedó, encerrado para siempre… Ya es otro.

El Brigadier está solo en el poder, recibe la carga aplastante de la vida aislada.

Como se puede observar, merced a estas amplificaciones e intensificaciones de los rasgos expresionistas de la intriga –que repercuten en los restantes niveles de texto, sobre todo en el de la acción– el referente ha perdido casi totalmente su función heurística. Se lo trata de manera alusiva y se lo manipulea para conseguir en la puesta el tránsito de lo icónico e indicial hacia lo simbólico.

Una pasión sudamericana, no es dentro del sistema teatral argentino –como pudo haber sido el denominado "teatro histórico" de los cincuenta y los sesenta– la reconstrucción de un pasado, o como *Historia tendenciosa*, la rectificación de una versión del mismo. Es como *Marathon*, pero más intensamente, la creación de una **historia propia**, del simbolismo de los hechos. Estos no pueden –ni lo necesitan– ser explicados por el teatro. Este lo único que puede hacer es comprenderlos en su universalidad. Interpretarlos en sus múltiples connotaciones. Haber comunicado esto es el mérito mayor de Monti como autor y como director.

2. Concreción de un teatro de resistencia.

A partir de los procedimientos señalados, el autor sintetizó uno de los modelos de lo que denominamos teatro de resistencia a la modernidad marginal de los sesenta[9].

Observaremos ahora cómo se enfrenta con el modelo anterior:

a) Apelación a lo clásico, a los "modelos viejos". La modernidad marginal de los sesenta manejó la utopía de la destrucción del teatro argentino anterior a esa época.

Monti va a buscar los núcleos dramático y semántico de *Una pasión sudamericana* en el modelo de la tragedia y en la estructura lineal, a diferencia de lo que ocurre con sus textos anteriores.

A nivel de la acción, el sujeto –el Brigadier– busca conocer, comprender, orientarse. Pasa por una serie de pruebas, se desempeña constantemente. Su accionar hace avanzar la acción, establece pactos, los rompe, seduce, ejerce la violencia, hace justicia. Esto ocurre a partir también de una serie de secuencias transicionales que permiten la reflexión, la concentración de la acción en el sujeto y en el público.

Al mismo tiempo, tanto el sujeto como sus ayudantes –incluidos Camila y Gutiérrez– se encuentran en una circunstancia extrema. Su accionar y sus funciones están condicionados por dos polos semánticos: la pasión individual "loca" –la transgresión social– y la necesidad del sujeto de resguardar lo social, el orden humano y los valores que representan el orden cósmico –la religión, el concepto ético–. El progreso de la sociedad necesita un "sacrificio cósmico": condenar a la pareja transgresora con el fin de fundar una sociedad, una cosmogonía. Se identifica con la creación de un nuevo orden, civilizado, que pena a quien lo desafía.

Como su intertexto trágico, *Una pasión...* muestra las consecuencias de una transgresión individual y

> representa a aquellas pasiones que pueden ser propias del hombre de cualquier época, pero que en la tragedia, va a revestir una especial gravedad, porque no favorecen la coyuntura histórica (Alatorre:36).

La intriga también está al servicio de la comprensión universal, del mito del origen del poder que pretende ser aplicado a todo tiempo y lugar y que se incluye en el esquema: Personaje complejo –con virtudes y defectos– y un binomio poseído por un defecto o pasión trágica, sumados a una circunstancia extrema, que dan lugar a un desenlace que implica un sacrificio y luego una mirada final que metaforiza la reimplantación del orden.

Pero el intento de Monti entraña además una resemantización, una reformalización del modelo trágico, una mirada irónica. Los héroes trágicos están en la extraescena, aguardando la justicia, el accionar justo del sujeto. Cuando en el desenlace la justicia llega, los locos se lanzan contra las paredes de la habitación cuestionando metateatralmente los orígenes mismos de la representación y diciendo: "Hermanos, en verdad os digo que todo esto es cáscara y pintura ¡Que todo esto no es real, y que la realidad, resplandeciente, eterna, está detrás de este mundo pintado!"

Monti ha querido mostrar una transgresión a la tragedia: una "tragedia sudamericana", en la cual su sentido profundo es contrario al superficial. En la tragedia el héroe se engaña totalmente con respecto a la situación: corre hacia su perdición cuando cree que puede salvarse, lo pierde su total apelación a lo irracional. Esta apelación –en la que Monti ve la metáfora de Sudamérica– lo salva al Brigadier: por amor a los amantes, sale del paso cuando creía que iba hacia su perdición.

b) Si la modernización que significó primero el Teatro Independiente en los treinta y la que expresaron el realismo reflexivo y la neovanguardia en los sesenta importaban el cosmopolitismo, el argentino "ciudadano del mundo al que nada le es ajeno", *Una pasión sudamericana*, denota desde su mismo título un hecho diverso. Es una indagación casi obsesiva de la aún no develada peculiaridad sudamericana. De aquello que desde posiciones diversas a las de Monti quisieron mostrar Sarmiento en *Facundo*, Borges en su "Poema conjetural" y "Fundación mítica de Buenos Aires" y desde una posición afín, Leopoldo Marechal en *Adán Buenosayres*.

c) Si el sistema teatral anterior consideraba al teatro como hecho didáctico, como la mostración de una tesis realista que quiere demostrar la inmovilidad de una clase social –la clase media– que se ha rezagado históricamente y está condenada a la diáspora, hay en este texto la búsqueda del efecto del enigma, de la trascendencia.

d) Preponderancia de la palabra como hecho fundamental del drama, frente al sistema que privilegió la noción de espectáculo.

3. El texto espectacular.

Nuestra propuesta es describir y sistematizar una poética de la puesta en escena[10], un grupo de convenciones de las que se vale el sujeto colectivo de la enunciación del texto espectacular para constituir un "espesor de signos", es decir, "poner en el signo al mundo", instaurar significaciones en un espacio-tiempo virtual. En un trabajo anterior expresamos que toda puesta en escena implica una transformación del aspecto verbal en lo que denominamos aspecto espectacular (Pellettieri: 1991, 153-174).

Cada puesta en escena conlleva una peculiar relación entre el texto dramático y el texto espectacular. Todo texto espectacular tiene su "historia" única e irrepetible. Dentro de las cuatro posibilidades que señalamos en el artículo recién mencionado, *Una pasión sudamericana* es un modelo muy claro de puesta tradicional. El director puso en práctica la virtualidad escénica del texto dramático, actualizó lo implícito en éste.

El aspecto espectacular se atuvo al texto dramático en cuanto al esquema acción-intriga, señalado al comienzo.

Se podría decir más: Monti-autor, "puso en escena" la obra mientras la escribía. El suyo es un texto dramático que implica más que en otros casos –por exhaustiva explicación de las didascalias– un "texto de la puesta en escena", destinado desde su mismo origen a ser un "texto espectacular virtual".

Monti director sería un "restituidor" en los códigos escénicos de la peculiaridad del texto dramático, es decir, llenado de los lugares de indeterminación y amplificación de las didascalias. En todo caso, rescata la teatralidad ya vigente en aquél y no "otra teatralidad", que tendría como fuente principal al director y los actores y que es la modalidad que puede apreciarse hoy en la mayoría de nuestros escenarios.

Según lo que pudimos saber por el relato del autor-director y lo que logramos ver en algunos ensayos, Monti utilizó como puestista lo que denominó "modelo libre de elaboración actoral". Una manera tradicional de puesta en escena basada en la interiorización de la letra, posterior a las lecturas de mesa, explicaciones conceptuales para la recreación de imágenes de los personajes y sus acciones.

Se podría argumentar que esta es una manera "vieja" de dirigir, pero los resultados que obtuvo Monti en este caso particular nos parecen decorosos. Consiguió concretar en la escena el universo fantasmal que había expresado en la letra.

Para ello se valió de una serie de procedimientos expresionistas que pasaremos a analizar. La producción de sentido se basó constantemente en la movilidad del signo teatral, que se convirtió en casi todos los casos en símbolo, y utilizó la redundancia para asegurar la comunicación teatral, de esos símbolos. Concretizó el texto con una noción muy clara de la economía teatral, hizo legibles los signos sin que perdiera ambigüedad el enigmático sentido del texto.

A esas conclusiones hemos arribado trabajando a partir de los diversos códigos teatrales de la puesta, considerando la producción de sentido y lo que focalizamos, lo que comprendimos en algunos momentos que consideramos pregnantes. Buscamos los datos pertinentes para el análisis, citas, como advierte Pavis (1983,58), que dependen del texto pero también del espectador.

La simbolización funciona en la puesta como resultado de las posibilidades del lenguaje teatral a partir de:

a) La variedad de discursos actorales a nivel de la palabra, el tono, la mímica y el ademán: hay por lo menos tres tipos de marcación actoral. Una realista para Barrabás, el Edecán y el Brigadier, aunque de ninguna manera strasgberiana. No calca el tono, la mímica y el ademán, el ritmo discursivo en la sucesión realista de las emociones, sino que se esfuerza por ser convencional.

Los escribientes, los locos y Farfarello se inscriben dentro de lo farsesco. Especialmente este último. Su búsqueda de lo satírico y burlesco, por momentos llega al gran guiñol, especialmente a través de la mímica y el ademán ampuloso y reiterado. Es el "director escénico" de los mitos y su esencia teatralista se registra totalmente luego del desenlace cuando le responde sonriendo al Brigadier que "El autor se olvidó de mí, signor. Ya no me necesita más. Arrivederci".

Por su parte, la formalización escénica de Canning se construye a partir de la comicidad sainetera, la exageración del costumbrismo, la búsqueda del efecto cómico que en este caso degrada al personaje.

En los parlamentos del Brigadier, los locos y Farfarello, la palabra funciona dentro de la articulación de los procedimientos de la intriga del texto espectacular como desenmascaramiento espiritual del propio Brigadier. Esto ocurre especialmente en los misterios, en los pasajes del Infierno al Mundo, del Mundo al Purgatorio y de éste al Paraíso. Se concreta la mutabilidad del signo de ícono a índice y de índice a símbolo de ese desenmascaramiento, por su reiteración y acumulación. Esta situación es especialmente advertible durante el Purgatorio, cuando en medio de la confusión el

Brigadier penetra en el centro del mito, con la corona de rosas ciñendo su cabeza –en lo que denominamos más arriba "su experiencia inefable"–. Las palabras de los locos lo han desenmascarado, lo han convertido en un símbolo de la estructura arquetípica amantes-oponente.

Hay también un manejo muy peculiar de los silencios, especialmente del denominado silencio metafísico, que tiene su razón de ser en la imposibilidad manifiesta de comunicar. Particularmente luego del desenlace, de la muerte de los amantes y la autoagresión de los locos.

En todos estos casos se advierte una intención clara de la dirección de amplificar en la puesta la buscada dimensión psicológica de los personajes.

b) El movimiento escénico es limitado, ya que se privilegia la palabra. Tiene una base indicial, la movilidad de los personajes es significativa e indica el "gestus social" del detentador del poder y de su séquito. Su evolución muestra la imposibilidad del Brigadier de establecer relaciones a nivel de igualdad con los demás. Sin embargo, lo más importante del movimiento escénico, dada su reiteración, es su nivel simbólico: el accionar del Brigadier subraya el centro dramático que señaláramos más arriba; otro tanto ocurre con el accionar de los locos cuando durante los misterios, toman ese centro expulsando de él al Brigadier. En este sentido, el director utiliza la proxemia con un criterio simbólico, especialmente en las mencionadas relaciones especulares entre el protagonista y Barrabás.

c) La mutabilidad del signo teatral y su potencia simbólica también se aprecia en la vestimenta. Es el caso de la ruana colorada del Brigadier: de su inicial función indicial, pasa en el desenlace a tener una función simbólica, sirve para arropar al recién nacido, que como se dijo, metaforiza en el texto el pasaje a la beatitud. Además, se identifica con la afectividad paterna, la donación de una de las prendas más queridas según nuestra tradición.

d) Otro tanto ocurre con los accesorios que exceden en mucho el afianzamiento del "efecto de realidad" que generalmente persiguen: "los papeles" en los que, según el Brigadier, "deben escribir todo", se convierten en "la historia", la corona de rosas en la cabeza del protagonista, se convierte en metáfora del triángulo mítico; las llaves que al entrar levanta del suelo el Brigadier y que para el público no tienen finalidad aparente, sirven en el desenlace para liberar de sus cadenas a Barrabás. En ese momento sabemos que su función desde el comienzo era la de "obra a realizar" y de "medio para realizarla".

Algo similar ocurre con las velas que aparecen al principio, símbolo del pasaje de la vida individual a la vida cósmica, en el descenso al Infierno, su pasaje al Mundo y al Purgatorio. Es el mismo símbolo del comienzo, cuando San Benito, al entrar con su candil, exclama: "Lux in tenibris!", en franca intertextualidad con la creación del mundo según la Biblia.

e) El espacio escénico y su ordenación escenográfica reconoce la marca expresionista, ya impresa en las didascalias. Es tenebroso, casi vacío, modulado por los ruidos de la extraescena: "Es cruda noche de invierno y llueve hace varios días. El salón está cerrado y en la más completa oscuridad. Sólo se escucha afuera el viento y el confuso rumor del ejército". Sarudiansky utilizó su escenografía como una sinécdoque. Lo que se denomina "realismo de escenario", y que "consiste en sustituir la forma del objeto por su función. La forma es reducida a su mínima expresión de modo tal de poner de relieve básicamente su funcionalidad" (Breyer y Bar: 348/ss).

Esta funcionalidad tiene que ver con la función indicial diegética, pero con inclusión de lo simbólico dentro de esa estructura general. Las dos puertas "que se abren y cierran con estruendo", implican en esta puesta el tránsito entre dos mundos que preanuncia el desenlace. Los mundos son la interioridad del Brigadier y la extraescena –la historia, el devenir, los amantes, el Loco–. Sin querer, en su ingenuidad, con sus limitaciones, el Edecán asedia la interioridad del protagonista encontrándolo siempre en sus ensoñaciones míticas. Por las puertas entrará también el Edecán con el recién nacido y saldrá Barrabás. Ellas señalan el inicio del nuevo tiempo.

Las ventanas tapiadas simbolizan la interioridad del Brigadier y niegan toda penetración exterior.

El diseño de iluminación de Traferri remarca los efectos del decorado: se maneja con una sección central iluminada, rodeada de sombras en los laterales. El escenario aparecía como aislado, flotando en el vacío. Se creaba así una atmósfera de irrealidad que subrayaba lo arquetípico, lo "anónimo" y al mismo tiempo "conocido por todos".

El iluminador trabajó más con la luz específica –la que revela o produce sombras– que con la general. Constantemente los efectos señalaban distintas situaciones interiorizadas y se llegó a la luz tenue que casi imposibilitaba la visión de los actores. Trabajó el comienzo y el Infierno con luz roja. Cada misterio se fijó con distinta distribución lumínica a través de los conceptos de la visibilidad selectiva y la revelación de la forma, es decir, con la delimitación de zonas de luz y sombra y con la distorsión o el recorte de rostros, que más que presentar los objetos en su forma real, los interioriza. Otro efecto rico en la producción de sentido era el que se creaba en el monólogo del Edecán, en el que éste manifestaba su profundo deseo de quedar "sin la más pequeña mancha de deseo". El cenital de luz blanca lo bañaba totalmente, logrando un efecto "emocional" que representaba el éxtasis y la intemporalidad que persigue el personaje, pero también su ansia de muerte.

El efecto de "ilusión de naturaleza" trabajaba con la mutabilidad del signo, durante el desenlace: al salir Barrabás, amanece. Sin embargo, la claridad se intensificaba lentamente hasta alcanzar la dimensión simbólica de los nuevos tiempos.

Resulta claro entonces que el espacio escénico implica "el salón de un casco de estancia, enclavado en la campaña bonaerense". Y también, virtualmente, el de los misterios.

En cuanto al espacio dramático –que el espectador debe reconstruir con su imaginación– es muy rico, agrega al espacio escénico la dimensión de la extraescena y amplifica el "background" de la puesta: el campamento del Brigadier, el drama de Camila y Gutiérrez y mucho más. Es un espacio proteico ya que abarca todo el país, desde el Loco que espera para atacar hasta la tierra primitiva que se opone a incluirse en la tradición europea.

Ese espacio escenográfico se plantea como una escena típicamente a la italiana, frontal con relación al espectador. La sala Martín Coronado resultó, a nuestro juicio, demasiado amplia y su escenario excesivamente alejado del espectador. Pensamos que la puesta hubiera necesitado un lugar más pequeño, preferentemente no convencional para lograr intimidad entre la escena y el receptor.

f) Tiempo: En cuanto a la duración, el tiempo de la historia coincide con el tiempo del discurso, dos horas aproximadamente. El tiempo subjetivo del espectador capta el ritmo del texto espectacular –la estructuración u organización de la duración realizada con elementos visuales, sonoros y verbales– que es bajo o denso –típico de la tragedia y del drama expresionista–.

g) La música funciona a veces como índice ambiental. Se convierte en símbolo cuando Farfarello toca la mandolina antes de cada misterio; seduce a los locos y parece "hipnotizarlos". Esto coloca a Farfarello en director escénico, en una especie de "deus ex machina" de la escena. Además esta música tiene un aspecto antiilusionista o dediegético: se ve que Farfarello hace como si tocara, y a la vista del público el que verdaderamente lo hace es el músico Jorge Valcarcel, en un costado del escenario.

Recepción:

Este texto –más que otros– necesita de un espectador participante que con la potencia de su mirada, decodifique el signo. Esto no ha sucedido casi con los receptores de *Una pasión sudamericana* en Buenos Aires. Apenas un mes y medio de representaciones, con una programación sin continuidad, y muy poco público en las funciones lo certifican.

Trataremos de enunciar algunas hipótesis sobre las razones:

Una de ellas, que creemos superficial, puede ser la sala elegida, una sala oficial, de dimensiones excesivas para este tipo de espectáculo. Hay que tener en cuenta que las anteriores piezas de Monti se dieron en "teatro de arte", de menor capacidad, especialmente en el Teatro Payró, la sala de experimentación más importante de los setenta en Buenos Aires.

Más profundamente, se puede decir que en *Una pasión sudamericana* hay una apelación a la comunicación absolutamente subjetiva. El público de Buenos Aires, por tradición, prefiere lo directo, tiene una concepción objetivista de la recepción teatral. La visión del teatro como "un problema resuelto" de antemano por los elementos cognitivos y emotivos del espectador y que se concretizan en el relato de la anécdota, la apelación a la moraleja y la descripción de los por qué de lo "acertado" o lo "erróneo" de la puesta y la actuación.

Otro motivo podría ser que las expectativas de la crítica se vieron defraudadas por la ausencia de Jaime Kogan –quien por dos veces en los últimos tiempos comenzó los ensayos de la obra asumiendo la dirección, y debió abandonarlos en el primer caso por desentendimientos con el en ese momento director del San Martín, Kive Staiff y en el segundo por problemas con el autor. Esto se advierte con sólo leer la mayoría de las críticas de manera superficial: sin nombrarlo, se afirma que debería haber sido otro el director. Sin duda, "extrañan" el barroquismo, el esteticismo de Kogan. Su tendencia casi enfermiza a concretar un espectáculo serio y estilizado. Detestan, es evidente, que la puesta de Monti recale en la palabra.

Está claro también que la ideología estética autoral de Monti está en las antípodas de la ideología general del campo intelectual correspondiente al teatro. Salvo la reseña de *Página 12* (14-11-89), el texto ha sido leído desde el realismo. Se busca una referencialidad inmediata con el contexto social de los propios críticos y con el concepto de la historia que ellos sustentan. Este error en la perspectiva crítica ha convertido al texto espectacular en una entelequia, lo ha fijado a una hermenéutica que no es la adecuada. El actual reclamo ideológico del medio ve *Una pasión sudamericana* como exaltadora de Rosas y de su política, en un momento en que nuestra clase media intelectual visualiza a Menem como "un heredero de Rosas": un populista conservador dispuesto a la Restauración del personalismo y depredador del medio cultural.

Otro dato interesante es que, salvo algún caso aislado, se escinde todavía "lo artístico" de "lo ideológico" y no se cuestiona el "texto dramático". Seguramente porque éste estaba canonizado como "un texto importante" desde mucho tiempo antes de su estreno. Esta legitimación anticipada explicaría, aunque parcialmente, las paradojas de la recepción de *Una pasión sudamericana*: en su estreno se cuestionó su teatralidad y fundamentalmente su puesta en escena, que rompió una gran cantidad de horizontes de expectativa, pero esto no fue obstáculo para que parte de los cuestionadores la declararan la mejor obra dramática del año.

Aspecto semántico:

Creemos necesario ubicar a *Una pasión sudamericana* en la encrucijada de nuestra crisis teatral.

Entendemos por crisis un momento de verdad en el que el sistema teatral duda entre el aferrarse a una forma dramática "vieja", automatizada o bien desplazarse hacia una nueva emergencia. Una crisis dada por la automatización de procedimientos dramáticos y teatrales, que le ha impedido a nuestra escena mostrar la significación y los alcances de la crisis que padece la transición democrática en la Argentina. Es por ello que no han aparecido en nuestra escena debatidos, explicitados o deformados nuestros principales miedos, mitos y esperanzas.

Creemos que el de Monti es un gran texto que ni el público ni una parte de la crítica ha visto como tal. No se ha observado ni su anacronismo ni su novedad, ni su polémica y su cuestionamiento al teatro-espectáculo que se ha impuesto en Buenos Aires. La suerte que ha seguido su puesta parece decirlo todo: aquí no hay lugar para textos "de autor".

Una pasión sudamericana señala el advenimiento de la emergencia de cambios profundos dentro de nuestro sistema teatral. De manera diversa al teatro de la parodia y el cuestionamiento, a los textos resemantizadores de lo finisecular de Kartun o de Rovner, a *Postales argentinas*, de Ricardo Bartís, coincide con ellos en el cuestionamiento a la modernidad marginal.

Aunque el presente –por medio de la crítica y el público– le hayan dicho que no a *Una pasión sudamericana*, estamos seguros de que suyo es el futuro.

IV. *La oscuridad de la razón*: amplificación y complementariedad

Las variantes fundamentales señaladas con relación a *Una pasión sudamericana* –cambios operados en la relación de drama e historia y la concreción de un teatro de resistencia a la modernidad– se afirman con la intensificación de algunos procedimientos espectaculares y con la complementariedad en relación a otros.

1. Con respecto a los cambios operados en la relación de drama e historia, intensifica, amplificándola, la densidad simbólica.

La anécdota de la pieza es históricamente más ambigua aún que la de su antecedente. El todo recuerda vagamente el retorno de Esteban Echeverría a Buenos Aires durante 1830. Como él, Mariano vuelve a Sudamérica transformado en un poeta romántico. También, como Echeverría, hace triunfar la poética romántica: Mariano vence a su tío, Dalmacio, "gana la lid poética", derrotando a la tendencia neoclásica y le es impuesta la corona de laureles de los triunfadores. Al mismo tiempo, reflexiona amargamente, como lo hizo el autor de "El matadero", sobre la actualidad anárquica de la nación. En *La oscuridad de la razón* hay, además, una serie de relaciones no precisas de las guerras entre unitarios y federales, en una escena y una extraescena indeterminadas de Sudamérica.

Estos son los límites del intertexto histórico. La retractación de Monti con relación a su obra anterior, se confirma. La ambigüedad, la polisemia, lo indeterminado, el significado oculto sobre el aparente, se apodera del texto.

Lo mítico –la referencia al mundo mediante una ficción pero que puede anclarse como respuesta simbólica a la realidad– y lo irónico ratifican el sentido de *Una pasión sudamericana*. Si este texto quería dar una nueva versión de los orígenes de la nación, *La oscuridad de la razón* penetra en lo que podríamos denominar el enigma del encuentro del protagonista con su "destino sudamericano".

Nuevamente, en la mirada final encontramos la clave: la Mujer rescata a Mariano de la oscuridad –en obvia alusión a la creación del mundo por Dios, en el Viejo Testamento– y lo incluye en la luz:

Mariano, que yacía inerte en el regazo de la Mujer, parece despertar, se incorpora lentamente, sonriendo, y se sumerge, como si danzara, en la luz que no deja de crecer.

La simbología es evidente: la luz es creación de Dios, las tinieblas son su negación. Mariano, arquetipo del sudamericano separado de su contexto, penetra en el misterio de la Beatitud. Finalmente, aparece como un hombre "cumplido". Como en el Capítulo XX del *Apocalipsis*, se propone una semántica de la Beatitud, "una visión de la Ciudad Celeste". Se comunica "con la totalidad" existente, luego de su itinerario, de su pasaje por las tinieblas. Se emparenta con lo inefable.

Una parte de los críticos en su nota del estreno de la pieza ha insistido en adjudicarle al texto una equivocada tesis realista, una relación "historia: verdadero-falso", que se integra a la antinomia civilización y barbarie:

La acción transcurre en una tierra inmensa y vacía, nuestra América, donde los utopistas procuran alcanzar un simulacro de civilización copiada de la europea y los pragmáticos se erigen en caudillos para resolver los conflictos por el odio y la sangre (E. Schóo, "Un oscuro drama", *Noticias*, 19-IX-93).

(Mariano) Él es quien sueña cuanto sucede y quien siente el embate de una tierra que dejó para ilustrarse en Francia. Como cualquier otro criollo que haya vivido en el país de las luces, se azora y desconcierta ante un mundo flagelado por crímenes en interminables guerras. Un mundo en pugna que plantea la antinomia civilización-barbarie con sus caudillos, su patriciado y sus criollos ilustrados, ante los cuales está Mariano, antes víctima que victimario (Hilda Cabrera, "Un Orestes sudamericano", *Página 12*, 14-IX-93).

Pero el texto no responde a estas conceptualizaciones. Su relación privilegiada, es con textualidades del pasado. Como en *Los Himnos de la noche* (1800) de Novalis, el itinerario de Mariano –la marcha del espíritu, que entraña la búsqueda y la integración– implica una transfiguración hacia la Beatitud, que superó las supuestas "interpretaciones históricas". El protagonista es el extranjero de la Beatitud, y sólo llega a conocerla luego de un pasaje que incluye primero una catábasis –una caída–, y luego una anábasis –encuentro con la Beatitud y con su miembro primario, la luz–. En la primera parte de la pieza, Mariano le ruega a la Mujer: "Eclaircis-moi/ tout à fait./ Sache que suis perdu." ("Ilumíname, entonces/ del todo./ Mira que estoy perdido."). Relata una caída anterior que sintetiza: "(fui) arrojado por el mar"; "busqué el hogar"; "condúceme hacia mí"; "ilumíname". Si bien la Mujer le dice primero: "Yo te iluminaré./ Ven", es ella la que lo inserta en la noche, en el itinerario hacia abajo como experiencia inefable. "Ahora, Mariano/ serás entregado a la noche/ y yo no volveré/ hasta la mañana". Esto significa "la caída del alma" del protagonista, su separación del absoluto. La dispersión, la multiplicidad, la dura manera de individualizarse: el desarraigo del Paraíso, "el exilio del alma". Como Adán, Mariano siente nostalgia del Paraíso perdido, porque lejos de él el alma olvida su esencia.

Este itinerario "hacia abajo" incluye el asesinato de su tío, la muerte de su madre y su encuentro con Alma –por supuesto, un nombre significativo que asienta la semántica del alma "fuera de sí"– su hermana. Hacia el final, reaparece la idea de la catábasis como sueño, entrevisto al principio de *La oscuridad de la razón* y la entrada a La Luz, de la mano de la Mujer. La catábasis incluye, como en *Los Himnos de la noche*, "la misteriosa noche", el mundo de los sueños y las pesadillas.

Como en la obra de Novalis, en este texto de Monti la luz es configuración, las tinieblas, pérdida de esa configuración. La anábasis se concreta en el hecho de que a pesar de haber cometido una falta grave, Mariano sea perdonado por la Mujer y la armonía se consuma nuevamente.

Como el Brigadier de *Una pasión sudamericana*, antes debe desplazarse, itinerar, desempeñándose constantemente. Aunque en este caso contra su verdadero sentir, desea conocerse y conocer. Está guiado por la Mujer, quien como la Virgen en los *Milagros de Nuestra Señora*, la redime de su pasado. La analogía es casi total: el hombre, como un Berceo, "es un romero que camina hacia Dios". En sus momentos de fatiga reposa en la Virgen, "un prado verde".

Mariano tiene así momentos de pasaje y momentos de concentración. Es que Monti crea con él un "arquetipo angustiado". El protagonista es complementario con el personaje del Brigadier, el "arquetipo apasionado". Mariano ocupa el centro dramático de la intriga, de él, de su posible sueño, emana el sistema de personajes de la pieza, basado en la oposición arquetípica. Es el soñador; alguien que "se ha perdido" entre el sueño y la vigilia:

> Mariano: un insomnio inmenso como el padre
> durmió en mí,
> hasta el punto
> que cuando supongo dormir
> estoy despierto,
> y cuando me creo despierto
> sueño.

Sus desempeños, las pruebas por las que pasa, lo incluyen también como "personaje aislado". Al igual que el Brigadier, se halla inmerso en la búsqueda de la comprensión de sí mismo y del país. Esta búsqueda lo aísla de los demás, libra una lucha despareja con sus "fantasmas"; es más, es actuado por ellos, especialmente por Alma.

El texto puede interpretarse como una introspección al yo de Mariano. En este sentido, también se complementa con la pieza anterior: el protagonista es un personaje expresionista. En él, Monti practica la poética de la confesión en la que el personaje muestra su inestabilidad, su incertidumbre. Los otros personajes se encuentran constantemente en tensos encuentros personales, que si bien al principio excluyen a Mariano del actuar, terminan por empujarlo a la acción:

> Padre: Empúñame, Mariano
> Tenme fuerte,
> sin temblar,
> y húndeme en él.

Hasta ese momento la intriga central y el comportamiento del protagonista habían tenido desarrollos paralelos. A partir de la muerte de Dalmacio, el "mundo extraño" en el que vive el protagonista y la trama central del texto se unen. Ya no hay lugar para la evasión.

En *La oscuridad de la razón*, asistimos a una intensificación del concepto de "historia propia" frente a la tendencia del teatro de la primera fase de la textualidad de Monti, basado en un intento de rectificación del pasado. Nuevamente, el autor pretende comprender los hechos del pasado en su universalidad, en su multiplicidad de sentidos.

La metateatralidad es también amplificada, *La oscuridad de la razón* reflexiona constantemente sobre sí misma. El caso más claro e inmediato es su relación con la tragedia:

> Mujer: El era mío
> de antes.
> Partida: Pero así no hay tragedia.
> Mujer: No,
> así no.

El texto anuncia, además, su misterioso desenlace, polemiza con el espectro desencajado de Hamlet, con la plástica de Goya, con la palabra de Echeverría, con el *Canto del Destino* de Hölderlin, con los *Milagros de Nuestra Señora* de Gonzalo de Berceo, con los textos románticos y neoclásicos y sus tensiones.

2. Concreción de un teatro de resistencia: En cuanto a esta tendencia de la obra de Monti, *La oscuridad de la razón*, insiste en el anacronismo textual. Se separa de la concepción moderna del teatro y la cuestiona, resistiéndola, a sabiendas de que aún es dominante en nuestro sistema teatral. Practica una peculiar intertextualidad premoderna: escribe "lo viejo" a la manera "vieja".

Como en *Una pasión sudamericana*, se inclina por una apelación a lo clásico. Le concede preponderancia a la palabra, y semánticamente indaga en el enigma de la peculiaridad sudamericana.

En cuanto a la apelación a lo clásico o tradicional, intensifica el uso del modelo de la tragedia y su transgresión en el desenlace, durante el cual trabaja con la poética del misterio[11].

La acción del texto se establece a partir de un sujeto que busca conocerse, orientarse en medio del caos al que ha sido arrojado. Pasa por una serie de pruebas, en la que es desempeñado por sus ayudantes y oponentes. Aun así, su accionar hace avanzar la acción. A pesar de que sus funciones son radicalmente diversas a las del Brigadier en *Una pasión sudamericana*, coincide con éste en el ejercicio de la violencia. Y también como éste, se incluye en una serie de secuencias transicionales que le permiten la reflexión, la concentración.

El sujeto se encuentra en una circunstancia extrema. Su accionar, sus funciones, se concentran en dos polos semánticos: la pasión "loca" del sujeto de resguardar su posibilidad de conocimiento, basada en el orden social y los valores que representan la armonía cósmica, la religión, el concepto ético. Si el Brigadier se enfrentaba a la necesidad de concretar "un sacrificio cósmico", para fundar una sociedad, una cosmogonía, Mariano se incluye en el momento inmediatamente posterior: la necesidad de afianzar ese orden con un accionar y con valores distintos de los que él sustenta.

La intriga también se pliega a la semántica de la comprensión universal del mito de la tragedia clásica, en la que el espectador se sumerge al comenzar la acción.

> La atmósfera trágica no se muestra todavía en lo perecedero como tal, en el vivir y el morir, en el proceso circular del florecer y agostarse. La morada puede demorarse apaciblemente en este acontecer (...) La atmósfera trágica crece como lo terriblemente lúgubre y espantoso a lo que nosotros somos entregados. Es algo extraño que nos amenaza ineludi-

blemente. Hacia donde dirijamos nuestros pasos, lo que nuestro ojo encuentra, lo que registra nuestro oído: está en el aire lo que habrá de aniquilarnos, hagamos lo que hiciéramos (Jaspers:40).

El modelo elegido por Monti para su texto es el de la "tragedia de venganza" (Pavis: 1983, 517) que contiene como motivo central la venganza del héroe que mata a su ofensor. Ni bien Mariano llega a la ciudad, su hermana Alma le cuenta lo sucedido. Su tío y su madre han matado a su padre en la prehistoria, y ese hecho debe ser castigado. Los acontecimientos se precipitan: Mariano mata a su tío y comete incesto transgrediendo las normas sociales y religiosas. La intriga es modulada por el coro (las Lacrimosas) que comenta lo que ocurre en escena.

Hasta aquí, los parecidos con el modelo trágico. Pero Monti se inscribe dentro del área semántica judeo-cristiana que "es ajena (...) al sentido de mundo de la tragedia" (Steiner: 1970, 8). Para la concepción cristiana, Dios "repara" los estragos de la existencia y "donde hay compensación hay justicia y no hay tragedia (...) la condición humana es accesible a la razón" (Steiner: 1970, 11-13).

Es por eso que la resemantización del desenlace de *La oscuridad de la razón* complementa el sentido de *Una pasión sudamericana*. Irónicamente, el intertexto del misterio medieval, la aparición de la Mujer desenlaza la trama, incluyendo un final con justicia poética, que destaca el anacronismo buscado, el simbolismo visual, la fusión de lo natural y lo sobrenatural. Es otra vuelta de tuerca a lo que podríamos denominar la "tragedia sudamericana", en la cual nuevamente el sentido profundo es diverso del superficial. En la tragedia clásica el héroe se pierde cuando apela a lo irracional, en *La oscuridad de la razón*, esta irracionalidad del protagonista lo salva. Quizás en esa nueva apelación a lo irracional se encuentre gran parte del sentido del texto.

El misterio implica aquí transformación, iniciación, la búsqueda del efecto del enigma, de la transparencia.

El texto espectacular

La puesta en escena de *La oscuridad de la razón* difiere de la de *Una pasión sudamericana*. Esta fue el resultado, como hemos señalado, de un intento del propio autor de llevar a escena la absoluta virtualidad del texto dramático. Jaime Kogan, el director de *La oscuridad de la razón*, a quien hemos definido (Pellettieri: 1992, 17/ss.) como un estilizador de los modelos realistas del setenta, que trabaja dentro de los límites del realismo teatral, pero confiriendo a sus procedimientos espectaculares una funcionalidad distinta. Se puede decir que utiliza esos procedimientos realistas "como algo ajeno". El director se identifica, como Monti, con una puesta "seria", portadora de una marcada referencialidad, dramática, que le otorga una débil importancia estética al humor, al que seguramente considera un artificio "fácil", casi demagógico. Implica el tipo de puesta que Pavis (1994, 83) señala como autotextual y que

> se esfuerza por aprehender los mecanismos textuales y la construcción de la fábula en la lógica interna de los mismos sin hacer referencia a un extratexto que vendría a confirmar o contradecir al texto.

El trabajo de Kogan está apegado a un universo escénico "coherente" y cerrado sobre sí mismo, con principios estéticos canonizados, por lo menos, hace dos décadas dentro del sistema teatral argentino.

Dentro de esta estética ha trabajado la puesta de *La oscuridad de la razón*. Ha practicado una referencialización convencionalizadora, una focalización del problema del texto teatral en el personaje de Mariano. Este hecho metaforiza el texto dramático intensificando la centralidad que ya tenía en la obra, acercando de esta forma el texto de la puesta en escena a la tesis realista. Lo conceptual es como una corriente eléctrica que estructura y recorre el espectáculo. Si no ha llegado a concretar una premisa, contrariando lo que este texto dramático "tradicional quiere ser" según lo apuntado por Dufrenne, es porque a la vez el director ha agregado nuevos símbolos, que, aunque a veces pueriles (por ejemplo los trapitos rojos que simbolizan la herida), amplifican la intensidad simbólica de la puesta. Esta simbología ha convertido al texto espectacular en un hecho convincente para el horizonte de expectativa del público del Payró, informado sobre la modernidad y su crisis, Lacan y el psicoanálisis y los intertextos del teatro de arte europeos y norteamericanos.

En la puesta de Kogan no hay transgresiones al canon del teatro de Monti. El metatexto de la puesta en escena, "su comentario a propósito del texto, la rescritura escénica que de este propone" (Pavis, 1994, 81), el texto no escrito de la puesta en escena, diseminado en las "opciones del juego escénico, de la escenografía, del ritmo, de los sistemas significantes" (Pavis: 1994, 81), complementa, asegura, el texto dramático de Monti. Se la podría considerar como una puesta tradicional con ciertos agregados que "aclaran" el sentido del texto pero que no alcanzan a hacerlo abandonar la ortodoxia. En realidad, el director puso en práctica la virtualidad escénica del texto dramático, actualizó lo implícito en éste. Amplificó las didascalias, llenó los lugares de indeterminación, creó un nuevo espacio escénico e imprimió leves modificaciones en la estructura profunda y en la superficial.

Hay explicaciones, focalizaciones, concretizaciones —reemplazos de ideas del texto dramático por hechos espectaculares—, amplificaciones, intensificaciones, pequeños cortes —elipsis— que tampoco varían el sentido del todo, en lo que denominamos aspecto espectacular y sus procedimientos (Pellettieri: 1991, 155-175), que difiere del aspecto verbal del texto dramático. Ese aspecto espectacular implica una lectura del espesor sígnico.

Sintetizaremos los procedimientos fundamentales de los que se valió Kogan para poner en escena el texto dramático:

A) Focalización de los artificios de la intriga a nivel de su uso escénico:

1. Aclaración de los distintos planos o niveles de la historia y la prehistoria con sus signos escénicos simbólicamente intensos, como la iluminación dirigida, marcadamente expresionista, que connota una atmósfera, un clima de decadencia y confusión. Es el caso de la luz azul y verde para las apariciones del Padre, la luz roja para las muertes y la luz blanca para las secuencias pregnantes del texto. Insistimos: es una simbología "fácil", pero que "ayuda" al espectador a decodificar el todo. La iluminación, de esta manera, controla el ritmo del espectáculo, modula los cambios de la intriga; no renuncia totalmente a producir una ilusión de realidad.

2. La marcación actoral busca el efecto indicial a nivel de la palabra, el tono, la mímica y el ademán como mostración de hechos que el espectador tiene que detectar y que tiene un fin diegético, de crear una ilusión de realidad. Hay en ella varias tendencias: intensa,

expresionista en Mariano, Alma y María; pretendidamente realista en el Padre y Dalmacio; fracasadamente trágica en las Lacrimosas que abusan del ademán ampuloso y reiterado y de la expresión exagerada del rostro.

En cuanto a la actitud de los actores, lo semántico se impone a lo deíctico (Pavis: 1994, 151/ss), su interpretación está siempre ligada al sentido, en relación estrecha con la mímesis, escondiendo su relación con el personaje.

3. Se recurre además a la inclusión del "acento afectivo" –emocional, patético, enfático– en la marcación actoral de Mariano, con el fin de mostrar sus sentimientos encontrados. Este artificio de la intriga del aspecto espectacular subraya la causalidad explícita del texto.

4. Intensificación de la "alianza de sentimientos" en el personaje de Mariano, en los distintos momentos de su itinerario purificador: su llegada, el reconocimiento del crimen del Padre, el asesinato, la caída y la salvación. Esta intensificación abarca no sólo la mímica, la palabra, el tono y el ademán, sino también el movimiento del personaje, en un claro intento de Kogan por escapar a su tendencia natural: el realismo, la tesis, a la que tiende a adaptar el desarrollo dramático. Esto pone de manifiesto alguna de las limitaciones de los actores ya que esta "alianza de sentimientos" expresionista es manejada de manera diversa por los actores: de modo casi naturalista en Sbaraglia (Mariano) en los momentos de tensión y francamente teatralista en Innocenti (Alma). El "gestus" de Mariano es patético y el de Alma, exaltado y agresivo.

5. El diseño del movimiento escénico contribuye al objetivo de aclarar el sentido del texto dramático. Es dinámico, cambiante, le da la puesta un ritmo más sostenido. Hace que el público pueda focalizar, "mitologizar", de manera más firme sus conflictos. Aunque la puesta no puede dejar de privilegiar la palabra, le otorga a la dinámica escénica un valor fundamental. Tiene también una base indicial: la movilidad de los personajes, sus desplazamientos y su lugar en la escena son siempre significativos e indican el centro dramático y la periferia de la acción. Quizás, el manejo del movimiento sea lo más rico del trabajo de dirección de Kogan. Nos referimos al ritmo de la acción, sus pausas, sus rápidos cambios, a su tendencia a la preparación "realista" de las entradas y salidas de los personajes, a la marcación del gesto imitativo, a los cambios abruptos de frente de la acción que son indicios claros de comporta-

mientos estilizados. En este último caso, Kogan utiliza, por ejemplo, el recurso de la proxemia –las relaciones espaciales entre los personajes en función del sentido de la puesta–, con un criterio simbólico, destinado a mostrar las peculiaridades sociales y personales de las relaciones de Mariano con María y Alma, y en otro sentido, a su "distancia" con el personaje del Padre.

Estas focalizaciones se identifican con lo que podemos denominar la manera de narrar de un director. Hay en esta transición al teatralismo, un fortalecimiento del cuidado de lo estético con relación a la puesta en *Una pasión sudamericana*, que permite hacerle notar al espectador en algún momento del espectáculo "que se encuentra en el teatro", que está percibiendo una ficción. Es la denominada denegación, que modula este texto como otros de Kogan. Hemos visto que dentro de este procedimiento de la focalización se puede incluir la intensificación de lo irracional a través de la palabra, el gesto y el movimiento de los actores, que trasuntan actitudes de enmascaramiento y deformación. Esto se puede sintetizar en una moderada contradicción entre lo que se dice y se hace en escena.

Al mismo tiempo, es evidente el manejo de un recurso que consideramos clave de la especificidad teatral: la redundancia (Fowler: 39-41). Por formación ideológica, Kogan está preocupado por la comunicación teatral y la prioriza frente a la pura expresión. Estas focalizaciones, al restarle ambigüedad, contribuyen a aclarar el mensaje de la obra de Monti, lo hacen "más legible".

B) Amplificación del conflicto central:

Esto es, amplificación de la búsqueda del protagonista, su itinerario de autoconocimiento, hasta otorgarle nivel simbólico. Kogan concreta de esta manera una armonización de la puesta con los sentidos de la obra dramática. La puesta logra la universalización de los personajes a través de la dialéctica del protagonista preso de la "alianza de sentimientos" –intensificación de pasiones encontradas–.

Podemos observar que esta amplificación del conflicto central también se basa en la mutabilidad del signo teatral que se aprecia en los accesorios de escena. Así, la corona de laurel, luego de la puja poética entre Mariano y Dalmacio pasa a ser índice primero de la victoria y luego de la fugacidad de los hechos humanos; el puñal, índice del peligro en manos de Alma, luego es símbolo de la adultez y sus problemas sin solución.

De esta manera, la escena va cambiando de significación, ya que Kogan resuelve los distintos cambios de decorado que pide el texto dramático, con el decorado verbal. Lo dicho reemplaza en gran medida la presencia de maquinaria y accesorios. Este recurso, también característico de las puestas del director, implica una poética de la espacialización escénica.

C) Intensificación de la ambigüedad de los significantes a través de la relativización de los encuentros personales.

Este artificio consiste en el hecho de que los personajes fracasen en su tentativa de no decir "su verdad" a sus antagonistas y se produzcan los clímax de la intriga. Estos encuentros personales –ya estilizados por la ironía del texto dramático– se estilizan aún más por el uso del espacio por parte del director y el escenógrafo. Ellos pretenden acercar al espectador a la acción a través de una peculiar construcción de la relación escena-sala. El ámbito propuesto es tenebroso, expresionista, tiende a mostrar lo biográfico y lo convencional. Es un ambiente parabólico que muestra la profunda crisis de los protagonistas: rechaza el color y trabaja con el claroscuro y las tarimas de diferentes alturas y dimensiones, bordeadas por un foso que ocupa el coro, son moduladas por escaleras y columnas –índices ambientales– y por los gritos de la extraescena. Constantemente se juega con la luz y el contraluz y hay, por momentos, una franca distorsión de la imagen. Se trabaja con la aparición y la desaparición.

El espectador logra una intensa relación con el conflicto ya que el escenario está ubicado entre dos sectores de público: doscientas butacas alineadas en dos graderías enfrentadas.

D) Paralelamente, estos procedimientos de la dirección persiguen un efecto contrario en el receptor: una "cercana" mirada irónica. Si bien, como vimos, Kogan llena abundantemente los lugares de indeterminación del texto en lo referente a lo simbólico, deja vacíos otros. Fundamentalmente, los relacionados con lo psicológico. Lo expresivo se convierte en un hecho por lograr, en la línea de la textualidad Monti-Kogan que tiene su exponente máximo en *Marathon*.

E) Estos artificios, estos pequeños cambios de funciones, delatan en la puesta una evidencia de sentido, una armonización de sus diferentes componentes. Un "conjunto integrado" estético-ideológico en el que se advierte el predominio del director. Kogan "muestra", no "marca" las situaciones y los personajes: altera el texto levemente pero se incluye dentro de la poética del texto dramático. Esto se advierte hasta en los aspectos más "superficiales" de la puesta como en la construcción de su espacio dramático:

> Se puede visualizar en el espacio dramático la tensión entre el sujeto y la búsqueda del objeto con el referente permanente de lo trascendente (Mujer/Virgen) su destinadora y ayudante y el resto de los personajes como obstáculos hacia el logro de su objeto. (Mariano) Se mueve entre ellos, perdido, "sonámbulo", en ese mundo pesadillesco del crimen, el odio, el incesto y las pasiones (López: 1994, 36).

La puesta de *La oscuridad de la razón* se complementa con la de *Una pasión sudamericana*. Lo hace desde una situación de privilegio semántico ya que Kogan supo amplificar el conflicto, hacerlo "visible" para el espectador menos avisado.

Recepción:

Al referirnos a *Una pasión sudamericana* hablábamos de la "distancia estética" que había existido entre la crítica y el público y el texto, que determinó que sus funciones fueran muy pocas a pesar de los elogios de los cronistas. Era evidente que la pieza "había roto" varios horizontes de expectativa, que el medio "no la esperaba".

La mayoría de los motivos de la distancia estética de *Una pasión sudamericana* se han revertido con *La oscuridad de la razón*:

La sala elegida, el Teatro Payró, es la que el campo intelectual "le ha asignado" al teatro de Monti.

Jaime Kogan ha vuelto a dirigir el texto del autor, con lo que se han colmado las expectativas de los cronistas y del público avisado. Esta complacencia se advierte en la mayoría de las crónicas[12]. A pesar de haber sido leída, en la mayor parte de los casos desde el realismo, algunos cronistas reconocen que en *La oscuridad de la razón* hay hechos aparentemente "invisibles" que llegan a la metáfora. También coinciden en señalar a esta puesta como una de las mejores de la temporada 1993. Incluso se ha dicho que "es una de las mejores de todos los tiempos".

Sin embargo, se está lejos de concretar una visión crítica de la poética de Monti, de su lugar en el sistema teatral y de interpretar ideológicamente su teatro.

Cabría preguntarse: ¿cómo ha sido posible la canonización socialmente normativa[13] –por lo cual sólo a un "loco" se le podría ocurrir dentro del campo intelectual, que el teatro de Monti "no es artístico"– sin haber pasado antes por la fase reflexiva?[14]

La relación del teatro de Monti y el campo intelectual plantea a nuestro juicio otras observaciones: si se leen las crónicas que hemos citado, pareciera que su obra no es un fenómeno del teatro argentino, sino de "otra parte". Se puede llegar a creer que "es único", "no se parece a nadie, no se vincula con ninguna corriente estética" y "no tiene ideología".

Otro hecho digno de señalar con relación a la recepción de su teatro es el de la falta de productividad de sus piezas en los textos de los autores "nuevos"[15]. Está claro que Monti transita una textualidad que estética e ideológicamente se moviliza por caminos distintos a los de la ideología general del campo teatral.

Aspecto semántico:

Señalábamos al trabajar con el aspecto semántico de *Una pasión sudamericana* que indicaba la emergencia de cambios profundos dentro del sistema teatral.

Con *La oscuridad de la razón*, advertimos que esta tercera versión o fase del teatro de Monti ratifica el rumbo de su pieza anterior: se aparta de las textualidades modernas para conformar un incipiente circuito que quizá se convierta en un microsistema teatral en el futuro. Lo que llamamos un teatro de resistencia a la modernidad marginal del teatro porteño.

Lo hace desde lo que podríamos denominar sin demasiada justeza todavía, el anacronismo teatral, que trabaja con un tipo de intertextualidad que no es moderna, aunque maneja la ambigüedad y la ironía, pero que, por supuesto, tampoco es posmoderna[16]. Su atención está en el "texto viejo", en el "género viejo". Si bien

Monti programa sus obras como algo no autónomo de la vida y de la sociedad, manipula la referencialidad, se relaciona constantemente con otros textos, siempre "viejos". Dialoga con ellos y concreta un texto que persigue la remanencia. En *La oscuridad de la razón* el tema es la vida, pero también el teatro. Si bien no evidencia una pretensión de transformación, tampoco al punto de vista del texto le es indiferente su destino. Quizá porque piensa que si la verdad existe, se encuentra en el pasado, en las fuentes de lo mítico.

La semántica del texto postula una interpretación mítica, cristiana, de nuestros orígenes sudamericanos. Describe una suerte de Edad de Oro fundacional, que implica la totalidad y que llevaría al silencio místico en el cual ninguna palabra alcanza. En esa etapa original, fundacional –que desembocaría en la Edad de Hierro actual– se encuentran encerrados los misterios de nuestro presente.

Se postula a Sudamérica como enigma diverso del mundo europeo. En el texto, este enigma tiene su propia legalidad todavía no decodificada. Pareciera que para Monti son ilusorias las tentativas modernas y posmodernas de concretar y gozar de la "aldea planetaria", de la homogeneización cultural y de la afirmación de una abstracta individualidad.

Su teatro, fundamentalmente, estaría al servicio de la descripción y la hermenéutica de la relación misteriosa de Dios y el hombre a través del tiempo.

La visión de mundo de Monti es esencialista, puesto que para su teatro actual el hombre no es materia transitoria, ni está ajeno a la idea de la salvación eterna. De allí que sus protagonistas sean arquetipos, imágenes trascendentales, paradigmas en contacto con una realidad superior. Al concebir al hombre como una esencia, se opone a la noción moderna que sostiene a casi todo el teatro argentino desde los cincuenta en adelante. Esta idea postula, a partir de Sartre, al hombre como pura existencia. El universo del teatro del '60 se "comprende" a través de las acciones de los personajes. El "mundo" es un artefacto humano, un objeto que el hombre ha creado. Como Guénon (37), nuestro autor cree que "La verdad no es un producto del espíritu humano, existe independiente de nosotros". Es por ello que el texto se burla del materialismo y del realismo filosófico de Dalmacio. Porque para su ideología, la esencia precede a la existencia y aquella no puede ser conocida a través del racionalismo. El absoluto no es construido por el hombre sino por alguien existente y eterno y hacia el que se encaminan sus protagonistas.

La textualidad de Monti se opone al fragmentarismo moderno y posmoderno. Su visión, por lo tanto, es optimista. Cree en la salvación del hombre como lo demuestran las miradas finales de sus últimos textos.

El caso de *Asunción*

Este texto constituye un caso muy peculiar ya que presenta, más que una complementariedad estética y una amplificación de procedimientos, una continuidad semántica con los dos textos fundamentales que se ofrecen en este tomo.

Es que *Asunción* comparte con *Una pasión sudamericana* y *La oscuridad de la razón* una serie de reglas obligatorias[17] de su modelo textual: fundamentalmente, la búsqueda de la economía de la síntesis teatral y el procedimiento del principio constructivo del anacronismo textual. Es decir, la cita de la poética del melodrama ("género viejo") y el hallazgo de su transgresión, que por su funcionalidad relativizan la concepción de la rectificación de la historia, propia de la primera fase de su teatro. Se puede decir que *Asunción* es una variante de esta tercera versión del teatro de Monti[18] porque no cumple con las reglas opcionales del modelo, a las que reemplaza con procedimientos que funcionan de manera parecida a los de la primera versión de su teatro. Todo está radicalizado en opuestos (ya desde la anécdota) por lo cual la ambigüedad es casi nula. El itinerario de Doña Blanca –su catábasis, relatado, no vivido por ésta–, se halla fuera de la escena, en la prehistoria. Con ella Monti practica la poética de la "confesión retórica".

En *Asunción*, Monti retoma el contenidismo, atendiendo más al mensaje –el nacimiento "no deseado" de la Latinoamérica criolla– que a la estructuración de un discurso teatral. Esta elección implica una gran concentración en todos los niveles de texto, especialmente en el de la intriga. Como consecuencia, retoma un recurso que había abandonado en las otras dos piezas estudiadas: los personajes son abstracciones referenciales del período de la conquista. El aislamiento de *Asunción* remite al mito, pero también al mundo histórico tradicional, y por ello requiere para su legibilidad de la participación en nuestra cultura del lector/espectador. El texto se incluye todavía en la oposición típica de nuestra historiografía: civilización-barbarie. Monti no practica el "cambio consciente" de la tercera versión de su teatro.

Vamos a leer *Asunción* desde la tercera versión, porque a pesar de sus indecisiones, es el lugar en el que el texto "quiere estar", tratando de dejar en pie su semántica del mito: el análisis de los orígenes de nuestra nacionalidad de manera simbólica, que "quiere mostrar" la prehistoria de la nación. Esta toma de posición está implícita en el subtítulo del texto, que anticipa la acción:

> Delirio místico, pasión y muerte de Doña Blanca, manceba de Don Pedro de Mendoza, que también sifilítica agoniza en la inmóvil noche paraguaya, mientras a su lado Asunción, niña indígena, pare el primer mestizo de la tierra, en el año del Señor de 1537.

En la escena está presente otro personaje histórico, Irala, que saliendo de la penumbra, actuará solamente durante la mirada final.

Para nosotros, *Asunción* se puede incluir en la poética del melodrama y su transgresión. Podríamos bautizarla como un "melodrama místico", que se estructura alrededor del discurso de Doña Blanca. Este personaje aparece como un "arquetipo mortecino" de un mundo "civilizado", en derrota en estas tierras. Ella ocupa el centro de la intriga melodramática. Su "delirio místico" evoca un "mundo sentimental" caracterizado por:

1. El manejo en todo el texto de una poética del exceso, de abundancia de conocimientos (Marías: 17). El relato de Doña Blanca es barroco, intenso en la descripción de su itinerario, quizá más patético que sentimental. Se caracteriza por su esquematización, su redundancia y, finalmente, por su resignación, puesto que Irala, su objeto de deseo, es ya inalcanzable cuando comienza la acción.

2. La característica de su encuentro personal con Asunción –transgredido, porque le cuenta su "verdad" a alguien que no puede entenderla puesto que no conoce su idioma– es la expresión, la exaltación de sus sentimientos, de su deseo sexual no satisfecho. Esto no excluye la dimensión imaginada de esas relaciones –celos, dependencia, dominio–. El personaje "está ajeno" a las fuerzas que lo guían:

... y luego/ te consagraste/ a un cuerpo ajeno (...) Fuiste tú,/ Asunción,/ fruto en ciernes,/ silvestre,/ más deseable que yo,/ fruto pesado
(...)
Entró en ti/ sangrándote./ Te prefirió/ a mí.

3. La presencia de la "pareja imposible" (Doña Blanca-Irala). Es imposible, y la relación está signada por la "coincidencia abusiva" que según su relato ha perseguido a la protagonista, la ha hecho decaer víctima de la enfermedad del "mal de amores". Desde este punto de vista, el suyo es un "infortunio privado", intensificado por el azar y la fatalidad y que se tiñe de patetismo por la fusión de la figura del amado con la del villano.

4. Como en el melodrama tradicional, la principal oponente es una mujer, su "oyente", Asunción. Oponente cuya situación se encuentra exagerada, absurdizada por las palabras de Doña Blanca y por su condición dentro del texto.

Al mismo tiempo hay una constante transgresión al melodrama, un intento por englobar dentro del "infortunio público" de la historia, el drama de Doña Blanca.

1. Inclusión de una tesis realista, como correlato del desarrollo dramático, que implica postular a lo americano como algo "opaco", irracional, inmanejable. Un enigma para el conquistador tal como lo refleja el parlamento final de Irala. Es una respuesta sudamericana a la versión idealizada de la conquista por parte de España, presente en el Quinto Centenario: el nacimiento del niño, más que en *Una pasión sudamericana*, es irónico, no sólo por la expresión de Irala, sino también porque el mítico nacimiento del mestizo inicia un período de desentendimientos y desencuentros que acompañarán a América Latina hasta hoy. La tesis realista, polemiza con la "beatífica" idea que impulsó a los "descubridores" a festejar el descubrimiento de América.

2. Asimismo, la presencia en escena de Asunción relativiza el efecto melodramático. Su "barbarie" la aleja de las palabras de Doña Blanca, las convierte en retórica. Impide que en el espectador se produzca "la catarsis del hombre común", el efecto perlocutorio, el "emocionarse hasta las lágrimas". En cambio se concreta la intensificación irónica. Una distancia estética que hace que

Asunción exceda en su sentido último la referencialidad del período histórico. Este efecto irónico nace de la irrevocable contradicción de la escena que presenta dos opuestos de la conquista: nacimiento-muerte; discurso-silencio.

3. El desenlace de la pieza carece del elemento fundamental del melodrama: no hay justicia poética. La característica melodramática del personaje de Doña Blanca hace que aun en medio de la más terrible depresión de su relato, crea todavía en "los premios y castigos de la vida". La muerte deja inconclusa esa búsqueda fracasada. Queda el contraste entre lo que el personaje "esperó" de la vida y lo que recibió.

4. Esta situación repercute en el nivel de la acción. El texto es pobre en este sentido. La protagonista no se desempeña. Tampoco a nivel de la intriga, hay "incertidumbre" en la historia.

De esta entidad melodramática y de su transgresión, se concreta una metáfora (muy clara) de nuestra prehistoria. Si *Una pasión sudamericana* quería fundar el comienzo mitológico de nuestra historia, en *Asunción* se percibe lo obsceno, "lo que no se ve" pero que "pesa" en el desarrollo de la Argentina como país: la agresión de una cultura por parte de otra, el sometimiento, la falta de diálogo.

NOTAS

1 El presente estudio es una amplificación de "El teatro de Ricardo Monti: de la rectificación de la historia a la historia propia", en nuestro *Teatro Argentino Contemporáneo (1980-1990) Crisis, transición y cambio*, Buenos Aires: Galerna, 1994, 87-108.

2 De acuerdo con Jameson (311) que afirma que la historia literaria (o teatral) debe ser el resultado del marco o modelo en el que se percibe un fragmento de tiempo trascendente, hemos adoptado para nuestra periodización del teatro argentino y para captar sus movimientos de cambio, un modelo cuya secuencia dialéctica señalan los trabajos de Fowler (39-55); Frye (25/ss.) y Kuhn (1971). Trabajamos así con lo que en estos tres modelos converge provechosamente, identificándose con lo que denominamos la dialéctica de las fases o versiones primarias o ingenuas, secundarias, canónicas o críticas, y terciarias o refinadas. Este modelo puede aplicarse al desarrollo histórico de un solo sistema (el teatro argentino), como estamos haciendo con nuestro Programa de Historia del Teatro Argentino en el GETEA (Grupo de Estudios de Teatro Argentino) Área de Investigación

Teatral del Instituto de Historia del Arte Argentino y Latinoamericano de la Facultad de Filosofía y Letras de la UBA, o a una etapa de la evolución de ese sistema. Es igualmente válido para estudiar períodos o subsistemas históricos (La modernidad, La emancipación cultural, etc.), las fases de un microsistema (del sainete y el grotesco criollo, del teatro independiente, etc.) o como hacemos en el caso de Monti, la trayectoria de un solo autor o teatrista.

3   Lo que Pavis (1983, 12-13) define como piezas que "en su formulación y su intriga manifiestan de manera suficientemente realista el mundo descripto".

4   Pellettieri (1989, 12-13) Hemos explicado los alcances de esta segunda fase en el sentido de un aspecto, de una peculiaridad de su producción.

5   Todorov (19) desarrolla una teorización fundamental para nuestro tema.

6   No decimos con el teatro expresionista porque, como es evidente, éste fue sólo un movimiento histórico europeo que respondió a las necesidades y gustos de la primera década del siglo.

7   En su momento, la entrada de procedimientos e ideología estética expresionistas significó para el teatro argentino de los '20 en adelante, no sólo una variación momentánea sino una efectiva modernización. El personaje como microcosmos, como portador de la "condición humana", la relatividad del hombre y su imposibilidad de conocerse y conocer. Su "hermetismo" propició, poco a poco, que un nuevo público –el venido de la literatura– ingresara al circuito del "sistema comercial culto".

8   Aspectos que abordaremos en el Volumen II de *Teatro* de Ricardo Monti, "El teatro de Ricardo Monti (1970-1977): entre la rectificación de la historia y el absurdo referencial".

9   En trabajos anteriores hemos visto como lo que denominamos teatro de resistencia a la modernidad marginal es concebido desde dos posiciones distintas: desde el teatro de intertexto posmoderno, cuyo paradigma es *Postales argentinas* (1989) y desde la actitud "premoderna" que tiene en el teatro de Monti de este período su paradigma (Pellettieri, 1994).

10 Para nosotros, la puesta en escena sería lo que para Mukarovski (40): objeto estético. La obra teatral (para Pavis, la representación) sería un artefacto, un hecho que sólo adquiere significación a través de la recepción del lector/espectador. El objeto propio de la estética semiológica no es el artefacto sino el objeto estético. Es decir, el correlato que se produce en la conciencia del receptor.

11 Los misterios se incluyen en la humanización temático del teatro religioso medieval, y se caracterizan por mostrar la intensificación del valor mediador de María y de los santos y la dramatización de sus acciones. Mezclan escenas realistas con apariciones sobrenaturales de la Virgen "erigida en intermediaria de la misericordia divina,

en abogada y refugio de los pescadores" (Massip: 37/ss.); en el mismo sentido Duvignaud (59-129), AA.VV. (1991). Trabajan con el anacronismo, simbolismo visual, exaltan las verdades de la fe, fusionan lo natural y sobrenatural. Son de intención didáctica.

12 E. Schóo "Un oscuro drama" (*Noticias*, 19-9-93); N. Cortese "Lograda puesta para potente metáfora latinoamericana" (*Ambito Financiero*, 21-8-93); L. Mazas "Alimentar las utopías" (*La Razón*, 22-9-93); S. Freire "Misterio latinoamericano con raíces en la tragedia" (*La Nación*, 11-9-93); O. Quiroga "Hamlet también vive aquí" (*El Cronista*, 10-9-93); G. Fernández "Gracias por el riesgo" y O. Cosentino "Tragedias y utopías" (*Clarín*, 13-9-93); H. Cabrera "Un Orestes sudamericano" (*Página 12*, 14-9-93).

13 Jauss (74-75) ha señalado que el nivel socialmente normativo, de la formación del canon es el de "Las instituciones culturales y educativas". (...) "Los cambios reflexivos sólo pasan a letra impresa cuando la comprensión innovadora del lector particular es reconocida públicamente, es acogida en el canon escolar de los autores modelo o es sancionada por las instituciones culturales. En ese nivel mediador de la lectura institucionalizado es donde la fuerza antinormativa de la literatura es de nuevo interceptada y transformada en funciones normativas".

14 El nivel reflexivo (Jauss: 74-75) en el que se establece "en la cima de los autores". Sería un diálogo entre notables.

15 Si bien textos de Monti como *Historia tendenciosa de la clase media argentina* (1971) es intertextual a nivel de la acción y de la intriga con textos como *Pericones* (1987), de Mauricio Kartun, es más bien una coincidencia en cuanto a la supervivencia del teatro de intertexto político en los escenarios de Buenos Aires (Pellettieri, 1994, 109-115).

16 Foucault (1968) establece tres epistemes dominantes: Renacimiento, Clásico y Moderno. Nosotros creemos que Monti se ubica, en forma voluntaria, dentro del paradigma tradicional previo al realismo: el episteme clásico. En el que se cruzan lo romántico, lo clásico, lo renancentista. Ese "anacronismo buscado" es premoderno.

17 Jakobson (360-361 y 365-373) señalaba que la poética, consiste en la capacidad textual de seleccionar y combinar procedimientos. Agregamos nosotros: concretar convenciones que están destinadas a producir un efecto.
Así una poética contiene la noción de modelo pero también la de variabilidad. Todo microsistema teatral tiene, entonces, una serie de reglas obligatorias que mantienen todos los textos de esa tendencia. Hay también reglas opcionales, que dichos textos pueden cumplir o no. Implican las "variantes" textuales del sistema.

18 López (1993) Es el único trabajo que conocemos sobre *Asunción* y que se incluye dentro de nuestra metodología del hecho dramático. Es una ponencia muy creativa que lee el texto desde las relaciones discursivas y sociales que establecen los personajes.

BIBLIOGRAFÍA

AA.VV., 1991, "El estado de la cuestión: El teatro medieval". *Ínsula*, 527.
Adip, J., 1979, "Reportaje a Ricardo Monti". *Fronteras 1*, 2 (febrero) 19-22.
Alatorre, C., 1986, *Análisis del drama*, México: Grupo Editorial Gaceta.
Breyer, G., y N. Bar 1984, "Propuesta de sistematización del objeto escenográfico". *Actas de las Primeras Jornadas de Investigación Teatral en la Argentina*, Buenos Aires: ACITA.
Duvignaud, 1967. *Sociología del teatro*, México: FCE.
Foucault, M., 1968, *Las palabras y las cosas*, México: FCE.
——. 1980, *El orden del discurso*, Barcelona: Tusquest.
Fowler, A., 1971 "The Life and Death of Literary Forms", *New Literary History*, II, 2 (Winter) 39-55.
Frye, N., 1991, *Anatomía de la crítica*, Caracas: Monte Avila.
Guénon, R., 1946, *La crise du monde moderne*, París: Gallimard.
González, H., 1989, "Ricardo Monti, su pasión y el combate por la historia". *Nuevo Sur*, (29-11).
Honzl, J., 1971, "La mobilité du signe théâtral". *Travail théâtral*, 4, 5-20.
Jameson, F., 1971, *Marxism and Form: Twentieth-Century Dialectical Theories of Literature*, Princeton: PUP.
Jakobson, R., 1974, "Lingüística y poética". *Ensayos de lingüística general*, Barcelona: Seix Barral.
Jaspers, K., 1960, *Esencia y formas de lo trágico*, Buenos Aires: Sur.
Jauss, H. R., 1987, "El lector como instancia de la nueva historia de la literatura". *Estética de la recepción*, J.A. Mayoral (ed.), Madrid: Arco.
Kowzan, T., 1970, "Los signos teatrales". *Revista Nuevo Drama*, I, n° 1, 43-63.
Krysinski, W., 1989, "La manipulación referencial en el drama moderno". *Gestos*, 4, 7 (abril) 9-32.
Kuhn, N., 1965, *En pos del milenio*, Barcelona: Barral.
——. 1971, *La estructura de las revoluciones científicas*, México: FEC.
López, L., 1993, "*Asunción* de Ricardo Monti: las perspectivas de la alteridad". *Actas de las VII Jornadas de Investigación y Crítica Teatral*. Buenos Aires: ACITA.
——. 1994, "La puesta en escena de *La oscuridad de la razón*, de Ricardo Monti". Trabajo final de nuestro seminario para el doctorado "Teatro Argentino de los '60: polémica, continuidad y ruptura". 2° Cuatrimestre. Trabajo mimeografiado.
Marías, M., 1987, "La melodía del drama o melodrama sin fronteras". *Acerca del melodrama*, Valencia: Generalitat Valenciana.
Massip, F., 1992, *El teatro medieval, voz de la divinidad, cuerpo de histrión*, Barcelona: Montesimos.
Monteleone, J., 1984 "En torno al teatro de Ricardo Monti". *Boletín del Instituto de Teatro*, (Facultad de Filosofía y Letras, UBA) V 25-35.
Monti, R., 1976, "Teatro". *Crisis*, 4, 39 (julio) 5.

Mukarovski, J., 1977, *Escritos de estética y semiótica del arte*, Barcelona: Gustavo Gilli.
Pavis, P., 1983, *Diccionario de Teatro*, Barcelona: Paidós.
——. 1985, *Voix et images de la scene*, Lille: Presses Universitaires de Lille.
——. 1994 *El teatro y su recepción. Semiología, cruce de culturas y posmodernismo*, La Habana, Casa de las Américas.
Pellettieri, P., 1984, "Historia y Teatro". *Todo es Historia*, 212 (diciembre) 32-44.
——. 1989 "*Marathon*: un microcosmos del país". *La Escena Latinoamericana*, 2 (agosto) 12-13.
——. 1990a, "Una tragedia sudamericana". *La Escena Latinoamericana*, 5 (diciembre) 28-34.
——. 1990b, "El teatro latinoamericano del futuro", *Cuadernos del GETEA. Teatro Argentino Actual.* I, Ottawa: Girol Books, 3-16.
——. 1991, "El texto espectacular de *El partener* , de Mauricio Kartun". *Cien años de teatro argentino. Del Moreira a Teatro Abierto*, Buenos Aires: Galerna, 153-175.
——. 1992, "La puesta en escena argentina de los '80: realismo, estilización y parodia". *Cuadernos del GETEA. Teatro Argentino de los '90*, 2, Buenos Aires: Galerna.
——. 1994, *Teatro Argentino Contemporáneo (1980-1990). Crisis, transición y cambio*, Buenos Aires: Galerna.
Podol, P., 1980, "Surrealism and the Grotesque in the Theatre of Ricardo Monti". *Latin American Theatre Review*, 14/1 (Fall) 65-72.
Ramos Foster, V., 1972, "Theatre of Dissent: Three Young Argentine Playwrights". *Latin American Theatre Review*, 4/2 (Spring) 45-50.
Steiner, G., 1970, *La muerte de la tragedia*, Caracas: Monte Avila.
Tirri, N., 1974, "Los parricidas: Monti y Gentile". *Realismo y teatro argentino*, Buenos Aires: La Bastilla.
Todorov, T., 1992, *Simbolismo y representación*. Caracas: Monte Avila.
Zayas de Lima, P., 1983, *Relevamiento del Teatro Argentino*, Buenos Aires: Alonso.
Zsondi, P., 1974, *Lo ingenuo es lo sentimental y otros ensayos*, Buenos Aires: Sur.

Una pasión sudamericana

Misterio en un acto

A Teresita

PERSONAJES

San Benito	Luis Campos
Farfarello	Miguel Moyano
Estanislao	Iván Moschner
Murat	Osvaldo Santoro
Biguá	Derli Prada
Brigadier	Arturo Maly
Edecán	Jorge Petraglia
Escribientes	Pedro Cano
	Manuel Cruz
Barrabás	Augusto Kretschmar
Canning	Jorge Baza De Candia
Músicos	Jorge Valcarcel
	Mariano Cossa

Iluminación	Roberto Traferri
Música	Jorge Valcarcel
Vestuario	María Julia Bertoto
Escenografía	Jorge Sarudiansky
Dirección	Ricardo Monti

Estrenada en Buenos Aires el 9 de noviembre de 1989, en la Sala Martín Coronado del Teatro Municipal General San Martín.

El lugar

Salón de un casco de estancia, enclavado en la campaña bonaerense. Construcción colonial, ya antigua en el momento en que transcurre la acción –mediados del siglo XIX–. Gruesos muros, apenas encalados; techos altísimos, sostenidos por vigas de madera; pisos de ladrillo. Los postigos de las ventanas están herméticamente cerrados, y así permanecerán a lo largo de la obra. Con excepción de una mesa y dos o tres sillas, no hay muebles. A derecha e izquierda, dos puertas grandes. A proscenio, a la izquierda, hay un repliegue del muro, que forma como un hueco y da a una puerta pequeña y escondida.

Los personajes

BRIGADIER: Alrededor de cuarenta y cinco años. Diversos rasgos contribuyen a darle un aire juvenil: su complexión dura; su piel morena, tirante; sus cabellos negrísimos, crespos; y fundamentalmente sus ojos oscuros, muy ardientes. Se mueve poco, como si hubiera aprendido a dominar una naturaleza de fuertes pasiones y sometiera cada movimiento a un control desmesurado. La autoridad que emana es indiscutible, paralizante. Un sola mirada suya puede sumir en la obediencia y el temor. Todo él refleja una fanática austeridad. Viste de modo sencillo, a lo paisano. Lleva poncho.

EDECÁN: Un anciano alto y delgado, magro. Taciturno y formal, en él se conjugan la bondad con un resignado escepticismo. Sereno, aun en medio del caos. Lleva un gastado uniforme y ha sido levemente herido en un brazo en una escaramuza reciente.

BARRABÁS: Un gaucho de enorme estatura, hirsuto y desarrapado. En sus ojos negros arden el furor homicida y la demencia. Congela la sangre el mirarlo.

CANNING: Ministro plenipotenciario de Su Majestad Británica. Todo lo contrario de lo que se presume un caballero inglés. Es un grueso toro, vulgar, borracho y sucio. Alrededor de cincuenta años.

ESCRIBIENTES: Dos macilentas polillas, de pelo largo y lacio y rostro blanco. De levita.

Los Bufones (o Locos)

FARFARELLO: Músico popular napolitano. Tiene unos cuarenta años, negros ojos vivaces, pelo enrulado, aro en la oreja, labios pintados y colorete. Vocinglero, estridente, farsante, lúbrico, misterioso.

SAN BENITO: Como el resto de los Locos, puede tener cualquier edad. Es un místico enjuto, iluminado y febril. Viste un hábito andrajoso y siempre lleva consigo una vieja y pesada Biblia.

MURAT: Un hombre pequeño y nervioso, cabezón, de piel oscura y pequeños ojos negros, movedizos, de víbora. Lleva prendas militares de descarte, que le quedan grandes, manchadas de sangre reseca, y un sablecito de juguete, de latón.

BIGUÁ: Un mestizo gordo, lascivo y glotón.

ESTANISLAO, EL EXPÓSITO: El más indefinido. Es un individuo de pelo rubio, ralo y gastado, y de ojos infantiles, enormes, azules, luminosos.

Nota: La canción del prólogo es *Madonna della Grazia*. Los versos del Infierno están escritos sobre la melodía de *La zita*. Ambas, y *Jesce sole...*, figuran en el repertorio de la Nuova Compagnia di Canto Popolare de Nápoles.

PRÓLOGO

Es una cruda noche de invierno y llueve desde hace varios días. El salón está cerrado y en la más completa oscuridad. Sólo se escucha afuera el viento y el confuso rumor de un ejército que ha acampado en torno al casco: relinchos, voces de mando y ruidos de armas. Luego de unos segundos comienza a oírse el alegre tintinear de una mandolina, cada vez más próximo. Al cabo, la puerta de la derecha se abre con estruendo y una curiosa compañía irrumpe en el salón. Son los Locos, que atraviesan lentamente el lugar a la luz de un candil. Están mojados y embarrados, y giran en trance alrededor de Farfarello, cuya mandolina parece hipnotizarlos. Sus voces se mezclan y cuando alguno de ellos se calla reinicia un extraño jadeo al compás de la música. Quien sostiene el candil es San Benito, que en la otra mano carga la pesada Biblia y es el primero en entrar. Biguá, en cuatro patas como un perro, da vueltas nerviosamente en torno al grupo, ladra y husmea frenéticamente el lugar. Estanislao gira sobre sí mismo, como danzando. Por último, Murat realiza evoluciones marciales alrededor de la compañía, blandiendo su sable, como si dirigiera un batallón.

SAN BENITO — (*Al entrar.*) "¡Lux in tenebris!"
(*Farfarello canta a voz en cuello una canción litúrgica del sur de Italia. San Benito vocifera fragmentos de salmos en latín. Murat da voces de mando. Biguá ladra y jadea, y Estanislao repite su letanía.*)
FARFARELLO — (*Canta.*)
"Regina de lu cielo,
o Divina maestá,
chesta grazia ca te cerco
fammella pé pietá.
Madonna de la grazia,

>   ca mbraccio puorte grazia,
>   a té vengo pé grazia,
>   o María, fance grazia."

(*Y continúa, improvisando sobre la música.*)
>   Mannaggia questo freddo,
>   ho le dita congelati,
>   mannaggia questi pazzi,
>   quest' inferno, questi negro.

(*Se interrumpe para gritar al resto.*) ¡Ei, fratelli pazzi, locos! ¿Restiammo qui?

(*Retoma el canto.*)
>   "Fance grazia, o María,
>   comme te fece lu Pateterno,
>   ca te fece mamma de Dío,
>   fance grazia, o María.
>
>   Fammella, o María,
>   fammella pé caritá,
>   pé li doni ca riceviste
>   dalla Santíssima Trinitá.
>
>   Scese l'angelo de lu cielo
>   e te venne a salutá,
>   annunziá venne a María,
>   e nuie cantammo l'avemaría."

SAN BENITO — "Astiterunt reges terrae,
>   Et principes convenerunt in unum...
>   Convertentur ad vesperam.
>   Et famem patientur ut canes;
>   Et circuibunt civitatem...
>   Omnes gentes circuierunt me,
>   Circundederunt me sicut apes,
>   Et exarserunt sicut ignis in spinis..."

MURAT — ¡Cargar a sable! ¡Conversión a la izquierda! ¡Lanceando y degollando! ¡Dispersen las avanzadas! ¡Flanquear la derecha enemiga! ¡Perseguir a escape a los que corran! ¡Que los pasen a cuchillo! ¡Rompan fuego de cañón! ¡Fusilen los prisioneros! ¡Dejen los muertos en el campo! ¡Atacar en escalones! ¡Maniobre la caballería!

ESTANISLAO — Miro el agua y tiemblo... El agua, el agua... El agua, el agua, el agua, el agua...

(*Enroscándose sobre sí mismo, el grupo cruza el salón y desaparece por la puerta de la izquierda. Poco a poco, mientras las voces se alejan, las sombras vuelven a cernirse sobre la escena. Oscuridad y silencio, salvo el ruido del viento y el rumor del ejército.*)

ACTO ÚNICO

Otra luz vacilante comienza a dibujarse por la puerta de la derecha, que los Locos dejaron abierta. Unos segundos después entran el Brigadier y el Edecán, seguidos por los Escribientes con velas, una montaña de carpetas, papeles y legajos, y artículos de escribir. Al igual que los Locos, todos vienen embarrados y mojados. En el centro del salón, el Brigadier se detiene y echa una ojeada al lugar. Los otros se mantienen, respetuosamente, unos pasos atrás.

EDECÁN — (*Al Brigadier.*) ¿Acá está bien, señor?

BRIGADIER — Sí.

(*El Edecán les hace una señal a los Escribientes, chasqueando los dedos, y aquéllos, diligentes, disponen sus cosas sobre la mesa. Mientras tanto, el Brigadier se desploma sobre una silla. Permanece inmóvil un rato, con los ojos cerrados. El Edecán se ubica a su lado, a la espera, inexpresivo.*)

BRIGADIER — (*Sin abrir los ojos.*) ¿Cuánto falta para que rompa el día?

EDECÁN — Un par de horas, señor.

BRIGADIER — Habrá batalla.

EDECÁN — Vaya a saber, señor. El enemigo no hace más que escurrirse.

BRIGADIER — ¿Sigue moviéndose, eh?

EDECÁN — Parece que se aleja.

BRIGADIER — Amaga, hace fintas. Pero elude la pelea. ¿Qué le pasa al Loco? ¿Por qué no pelea? Venía a comerse el mundo. ¿Y ahora baila minué?

EDECÁN — Así son éstos, señor. Cojones de humo.

BRIGADIER — Vaya a saber. Como hace tanto que llueve... Por ahí no les gusta pelear en el barro. Es gente limpia.

EDECÁN — (*Sonriendo.*) Sí, señor.

BRIGADIER — Hace frío.

EDECÁN — Sí, señor. ¿Hago traer un brasero?

BRIGADIER — ¿Es profunda la herida?

EDECÁN — No, señor. Un rasguño.

BRIGADIER — Déjeme ver.

(*El Edecán se acerca. El Brigadier, sin mirarlo, le toca la herida. Luego se observa los dedos, manchados de sangre.*)

BRIGADIER — (*Sonriendo.*) Sangre de viejo.

EDECÁN — Sí, señor.

BRIGADIER — (*Zumbón.*) Aguada.

EDECÁN — No tan vigorosa como antes.

(*Pausa.*)

BRIGADIER — (*Frotando distraídamente la sangre entre los dedos.*) ¿Cuánto hace que no duermo?

EDECÁN — Dos noches, señor.

BRIGADIER — Tengo fiebre.

EDECÁN — ¿Hago traer un médico, señor?

(*Pausa.*)

BRIGADIER — Esta tierra... siempre en la oscuridad. Como un animal dormido. Puro barro, sangre y fiebre. Y esta gente que viene con sus cartas topográficas, soñando guerrear como en Europa. Fundillos caídos. Andan como locos por el desierto, persiguiendo la fábrica de espejismos. No merecen más que desprecio y sin embargo aquí estamos, olfateándonos en la noche. Y al amanecer, si Dios es servido, nos rajaremos las pieles. (*Pausa.*) Quiero comerles el corazón. Romperles sus pechos blancos, arrancarles el corazón con los dientes y arrojarlo al barro, a las patas de los caballos. (*Pausa.*) Hay que dejarlos venir. Esperarlos en calma, como una hoguera. Custodiando al animal dormido, hasta que se despierte y brame, y todos los pueblos vean su gloria. Amén. (*Pausa. Cambia a un tono más ligero.*) Pero no hay que descuidarse, Corvalán. Porque ellos no son nada, pero el que los manda gobierna los mares. Y tiene vapores para traer su civilización.

EDECÁN — Señor, vea que han amarrado a nuestros paisanos a la boca de sus cañones. Degüellan a niños y ancianos. Incendian pueblos, iglesias, y violan mujeres.

BRIGADIER — ¿Y?

EDECÁN — No son civilizados, señor. Son bárbaros.

BRIGADIER — No, son civilizados. También leen libros, escriben versos.

EDECÁN — (*Sonriendo.*) Señor, si es por los versos... nuestros paisanos saben muchos.

BRIGADIER — (*Burlón.*) ¡Pero la cuestión es escribirlos, hombre! ¿Cuándo lo va a comprender Ud.? (*Con creciente violencia. No se puede discernir si se burla o está serio.*) ¡Qué bruto es Ud.! ¡Qué animal! ¿Cómo se puede mandar con esta gente? ¿Quién sabe versos? ¿Ud. sabe versos?

EDECÁN — (*Paralizado.*) No, señor.

BRIGADIER — ¿Quién puede guerrear sabiendo versos? ¡Orden general! ¡Al soldado que sepa versos, que lo fusilen por maricón! (*Por los Escribientes.*) ¿Por qué duermen las polillas?

EDECÁN — Están despiertos, señor.

BRIGADIER — ¿No conoce a estas sabandijas? Se han acostumbrado a dormir con los ojos abiertos. Golpéelos.

(*El Edecán se dirige hacia los Escribientes y les pega manotazos en la cabeza. Los Escribientes se incorporan como resortes. Pausa.*)

BRIGADIER — Hay que escribir todo. No dejar que se pierda una sola palabra.

(*Los Escribientes se sientan automáticamente y comienzan a escribir. Se escucha el rasguido de las plumas sobre el papel.*)

BRIGADIER — (*Como si hiciera un gran esfuerzo de memoria.*) Porque todo lo que fue escrito en el pasado, se escribió para enseñanza nuestra, para que mantengamos la esperanza... (*Bruscamente se dirige hacia la mesa y comienza a revisar papeles, mientras imparte órdenes al Edecán, en tono frío y cortante.*) Toda la gente despierta y sobre las armas esta noche. Dispuestos para el combate. Que se rodee de avanzadillas el campamento y se me comunique cualquier novedad por parte. Puede retirarse. (*El Edecán vacila.*) ¿De quién es esta estancia?

EDECÁN — Enemigos, señor. Alzaron con todo y se pasaron al ejército del Loco.

BRIGADIER — Cuando nos retiremos, que le prendan fuego. Vaya nomás.

EDECÁN — Señor...

BRIGADIER — Ah, mándeme a los locos.

EDECÁN — Señor...

BRIGADIER — ¿Qué hay?

EDECÁN — Esa niña, señor...

BRIGADIER — (*Sonríe.*) ¿Qué niña?

EDECÁN — La que fue encontrada. Camila. Está acá.

(*Pausa.*)

BRIGADIER — (*Sonriendo.*) ¿La que estaba perdida y fue encontrada? ¿Por qué está acá?

EDECÁN — Orden de su Excelencia, ¿no lo recuerda?

BRIGADIER — No.

EDECÁN — Su Excelencia ordenó que los reos fueran remitidos en carretas toldadas y con barras de grillos... La niña esa y el curita que la sedujo...

(*Pausa.*)

BRIGADIER — (*Con una explosión.*) ¿Pero qué tengo que ver yo con ese enredo? ¿Soy un autor de comedias, acaso? Un asunto de risa... Vaya, no se aflija, ya me ocuparé.

EDECÁN — Señor.

BRIGADIER — ¿Qué?

EDECÁN — La niña...

(*Hace un gesto redondo sobre su vientre indicando que la mujer está encinta.*)

BRIGADIER — ¿Ah, sí?

EDECÁN — Es algo que clama al cielo. Da pena.

BRIGADIER — No se preocupe, hombre. No somos monstruos. Esto es sólo para escarmentar. Pronto terminaremos. Vaya, mándeme a los locos.

(*El Edecán sale por izquierda. El Brigadier comienza a pasearse por el lugar.*)

BRIGADIER — Polillas, ¿están despiertos?

ESCRIBIENTE I — Sí, señor.

BRIGADIER — ¿Seguro?

ESCRIBIENTE II — Sí, señor.

BRIGADIER — Ya sé que me engañan. Ni aunque les abra la garganta se despertarían. Se desangrarían en sueños. La sangre flotaría en el aire, como humo. Ni siquiera yo mismo sé si estoy despierto. Pero aunque sea en sueños, polillas, escriban. *(Eléctricos, los dos Escribientes abren los tinteros, mojan las plumas y esperan, agazapados sobre el papel, como perros de presa. Luego de una breve pausa, el Brigadier comienza a dictar de corrido.)* Al Comandante General de las Provincias del Norte, don Eustaquio Flores. Mi amigo, cansado ya de las intrigas de estos ingratos y traidores que no vacilan en derramar sangre de hermanos para satisfacer sus locas ambiciones, cansado ya de las turbulencias sin fin de esta tierra revuelta, cansado ya de sofrenar las pasiones desbordadas de estos locos, cansado sí pero dispuesto todavía a cumplir con mi deber como Ud. mi amigo, estará dispuesto a cumplir el suyo. Por fin tengo enfrente esta noche al ejército del Loco. Han prendido sin duda más fuegos de los que necesitan, para hacer bulto, pero a mí no me engañan. Por algo el Loco ha eludido hasta ahora la pelea. Apenas rompa el día nos lanzaremos sobre ellos como perros y si Dios nos acompaña podremos asegurar al menos por algunos años la paz de estas desgraciadas provincias. Eso, si el Loco no decide eludirnos también esta noche y al amanecer nos encontramos con las cenizas de tantos fuegos.

(Irrumpen los Locos por la puerta de la izquierda. Farfarello se echa a los pies del Brigadier y se abraza a sus piernas. Los Locos también caen de rodillas. El Brigadier queda absolutamente inmóvil, como una estatua de hielo.)

FARFARELLO — ¡Signor! ¡Signor!

LOCOS — *(Excitados, divertidos.)* ¡Señor! ¡Señor! ¡Quiere decir señor!

FARFARELLO — ¿Quando saró libero? ¡Signor!

BRIGADIER — *(Inmóvil.)* Acá se habla cristiano, gringo.

FARFARELLO — ¡Libero! ¡Libero!

LOCOS — ¡Dice libre!

(El Brigadier lanza una risa helada y repentinamente aferra a Farfarello por los cabellos. El italiano aúlla. Pausa.)

BRIGADIER — ¿Para qué querés la libertad, gringo? ¿Para pasarte al ejército del Loco?

FARFARELLO — ¡Per caritá, signor, no!

BRIGADIER — ¿Te paga el Loco?

FARFARELLO — ¡No, no, signor! ¡Lo giuro!

BRIGADIER — ¿Y por qué te encontraron merodeando el campamento?

FARFARELLO — ¡Era sperduto!

LOCOS — ¡Perdido! ¡Dice perdido!

FARFARELLO — ¡Sperduto nel buio!

LOCOS — ¡Perdido en la oscuridad! ¡En la oscuridad!

BRIGADIER — Te perdiste en mal lugar, gringo. Yo creo que sos un espía enemigo.

FARFARELLO — ¿Nemico, io? ¿Ma cosa dice, signor? Io sono straniero.

LOCOS — ¡Extranjero! ¡Extranjero!

FARFARELLO — ¡Io non capisco niente di tutta questa cosa americana, questa guerra! ¡Tutti contro tutti!

LOCOS — ¡Todos contra todos, dice!

FARFARELLO — ¡Tutti ammazzandosi!

LOCOS — ¡Todos matándose, dice!

FARFARELLO — ¡Io sono neutrale!

LOCOS — ¡Neutral! ¡Neutral!

BRIGADIER — Aquí no hay neutrales. El que no está conmigo está contra mí.

(Suelta a Farfarello, que queda de rodillas en el suelo, balanceándose, gimiendo histriónicamente y frotándose la cabeza. Los Locos comienzan a dispersarse por el lugar.)

FARFARELLO — Dio, oh Dio, cuándo terminará questo sogno, questo sogno di assassini. Cuándo despertaré nella mía terra luminosa. Al sole. Ayayay, l' Italia mía, nítida, civilizata. Napoli, Napoli...

(Pausa.)

BRIGADIER — Polillas, ¿están despiertos?

ESCRIBIENTE I — Sí, señor.

BRIGADIER — ¿Escribieron eso?

(Repentinamente Biguá se aparta aullando lastimero, como un perro, del rincón oscuro de la izquierda, al que llegó olfateando el aire, intrigado, en cuatro patas. El aullido de Biguá actúa como una voz de alarma entre los Locos, que se dirigen en tropel hacia el rincón. Una profunda agitación se apodera de ellos. San Benito

exorciza en latín. Murat se bate furioso con las sombras, sable de latón en mano. Biguá chumba como un perro. Estanislao se abre las ropas desesperado, como si no pudiera respirar. Farfarello olfatea el aire.)

FARFARELLO — Dio, che spuzza... Aquí hay olor a muerte.

(El Brigadier, intrigado, toma un candil de la mesa y se acerca al rincón. A la luz del candil se ve a Barrabás, acurrucado, cargando pesadas cadenas. Los Locos se estremecen y se protegen detrás del Brigadier. Pausa.)

BRIGADIER — *(A Barrabás, suave.)* Levantáte.

(En medio del silencio, Barrabás se incorpora con la lentitud de un sueño, desplegando en forma interminable su inmensa estatura. Sostiene todo el tiempo con el Brigadier una intensa, hipnótica mirada.)

SAN BENITO — ¡Barabbam!

LOCOS — *(Como "turbae".)* ¡Barabbam! ¡Barabbam!

BRIGADIER — *(Sosteniendo la mirada.)* Y Barrabás era un asesino.

(Chasquea un dedo y uno de los Escribientes sale corriendo, con los brazos pegados al cuerpo, como si efectivamente estuviera sonámbulo. Con enorme lentitud, Barrabás extiende en cruz sus brazos, de los que penden gruesas cadenas. Luego se acerca unos pasos hasta quedar con el pecho pegado al del Brigadier y con la misma lentitud comienza a cerrar en torno a éste sus brazos. Los Locos están aterrados, San Benito musita su exorcismo en latín. Cuando el abrazo es sofocante, casi mortal, irrumpe el Edecán, seguido por el Escribiente. El Edecán se arroja sobre Barrabás y trata de separarlo. Después de una lucha sorda e infructuosa, el mismo Barrabás repentinamente abre los brazos en cruz con un gesto brusco, retrocede unos pasos y se desploma. Pausa.)

EDECÁN — *(Agitado.)* ¿Está bien, señor?

BRIGADIER — *(También agitado.)* ¿Quién es este hermano?

MURAT — ¡Otro espía!

FARFARELLO — *(Con una siniestra carcajada.)* ¡Ancor' un' altro pazzo!

EDECÁN — Un asesino, señor. Un loco furioso. Anduvo asolando la campaña del Sur hasta que lo apresaron.

BRIGADIER — ¿Y qué hace acá?

EDECÁN — No sé, señor. Venía con una comisión que lo llevaba a la ciudad. Ignoro por qué lo han abandonado aquí. Si Ud. me lo permite voy a destacar de nuevo una partida.

BRIGADIER — No es necesario.

EDECÁN — Pero es que es muy peligroso, señor. Un carnicero.

BRIGADIER — Yo haré justicia.

EDECÁN — Ha degollado inocentes. Y tiene la fuerza de un toro. Ud. vio.

BRIGADIER — ¿No me diga que tiene miedo?

EDECÁN — No, señor.

BRIGADIER — Vaya tranquilo, nomás. Al amanecer yo haré justicia.

(El Edecán se cuadra. El Brigadier va hacia la mesa.)

EDECÁN — Señor...

BRIGADIER — ¿Sí?

EDECÁN — Esa niña, señor... Es algo que clama al cielo.

BRIGADIER — ¿Sigue cubierto, no?

EDECÁN — Sí, señor. Llueve fuerte de a ratos.

BRIGADIER — Por ahí abre al amanecer.

(Despide al Edecán con un gesto. El Edecán se cuadra y sale. Los Locos se han desparramado por el suelo y comienzan a dormitar. Larga pausa. El Brigadier está inmóvil. Farfarello rasguea su mandolina. San Benito murmura un salmo en latín con la vieja Biblia abierta en su regazo. Cabecea sobre ella. Se duerme. Los Escribientes miran al Brigadier con ojos vacíos. El Brigadier chasquea un dedo. Uno de los Escribientes toma rápidamente un papel y lee.)

ESCRIBIENTE I — "Las cenizas de tantos fuegos..."

(El Brigadier lo interrumpe chasqueando los dedos. El Escribiente II toma otro papel.)

ESCRIBIENTE II — *(Lee.)* "Se condena por último a Luis Carbonel a ser pasado por las armas porque a más de los delitos de rebelde tiene el de desertor..."

(El Brigadier chasquea los dedos. Los Escribientes manotean ciegamente papeles y leen.)

ESCRIBIENTE I — "He dispuesto que se mande a Ud. sin demora: carabinas, doscientas; agujetas con escobillas, trescientas; cananas, doscientas..."

(Chasquido de dedos del Brigadier.)
ESCRIBIENTE II — "Declaración de Doña Francisca Olivera por el robo de unas haciendas a su marido..."
(El Brigadier golpea el suelo con un pie, impaciente. Los Escribientes están aterrados.)
ESCRIBIENTE I — *(Lee vacilante, temblando.)* "Excelentísimo Señor Brigadier, Gobernador y Capitán General de esta provincia. Señor: Me dirijo a Ud. con mano temblorosa, oprimido y aturdido por este acto atroz y nunca oído en el país, por esta terrible tragedia que en mi vejez se ha abatido sobre mi casa... *(Espía al Brigadier y al ver que ha acertado, su voz se afirma y adquiere un tono patético e indignado.)* ... por mano de mi propia hija, Camila, y un cura inmoral, indigno, infame, rastrero y renegado, que valiéndose de su condición de clérigo pudo introducirse en el recinto sagrado de mi hogar, y seducir a esa joven desnaturalizada, que ya no considero mi hija, haciéndola cómplice de su malvada lascivia y precipitándola en la infamia...

(Farfarello que ha estado rasgueando suavemente su mandolina, interrumpe la lectura con dos bruscos acordes, y lanza una estridente carcajada. Su risa no es espontánea, sino histriónica, simulada, y por lo mismo burlona, obscena, con algo de siniestro y asqueante. Los Locos se agitan en sueños, intranquilos. El Brigadier lo mira con repulsión. El tiempo parece congelarse.)

BRIGADIER — *(Suavemente.)* ¿De qué se ríe Ud.?
FARFARELLO — De la locura del amor, signor. Me río de él para que él no se ría de mí. *(Se ríe.)* El amor es demasiado para un pobre hombre. Troppo, troppo. Una maledizione, una cosa del diavolo. Hay que protegerse. La risa protegge. Y si no alcanza... *(Misterioso.)* Existe una fórmula infallibile. Hasta el Papa la conoce. Porque sinó el Papa, ¿eh? E un uomo. *(Formal.)* ¿Il signor quiere aprenderla?
BRIGADIER — ¿Para qué necesito yo conjuros?
FARFARELLO — El signor es un uomo público, poderoso. El amor debilita y, como la muerte, es inesperado. Hay que estar en guardia. Il signor fa la guerra. Il signor sabe. Cuando la tropa duerme, ¿no quedan siempre velando centinelas?
BRIGADIER — Yo apenas duermo.
FARFARELLO — Sí, pero la naturaleza siempre trabaja para el sueño. Y apenas el hombre se duerme se apodera de él el amor. El

hombre que duerme es un hombre enamorado. Porque el amor, signor, es un figliol'...

BIGUÁ — *(Dormido.)* Un hijito, dice.

FARFARELLO — ... de la oscuridad y el sueño. Cuando el cuerpo se libera de la luce...

SAN BENITO — *(Dormido.)* La luz, dice.

FARFARELLO — ... ¿vede?, *(Cierra los ojos y se los señala.)* cuando la piel cubre los ojos, y la luz de Dios no entra al cuerpo por los ojos, entonce el cuerpo vuelve a su primera oscuritá y es una sola cosa con el amor. Y entonces, i sogni...

ESTANISLAO — *(Dormido.)* Los sueños, dice.

FARFARELLO — ... los sueños engañosos estallan como burbujas en la superficie de un acqua estancada. ¿Y de dónde vienen revoloteando? De la putrefazione de lo piú hondo, de lo oscuro. Perché el corpo, signor, l'oscuritá, los sueños y el amor son una misma cosa, la misma sustancia en diverso estado. Hasta estos pobrecitos sueñan con el amor. Vea cómo se agitan, cómo sufren. Por eso yo velo. Pero en cualquier momento, anch' io pobrecito, algún día... Y mientras tanto, río. ¿Ve, signor? Rido.

(Se señala la cara, que se transforma en una horrible máscara riente. Ríe. El Brigadier no puede evitar un estremecimiento de repulsión.)

BRIGADIER — *(A los Escribientes.)* Hágalo callar a ese asqueroso.

(Las polillas se levantan y golpean blandamente a Farfarello, que transforma su risa en un histriónico aullido de dolor.)

BRIGADIER — *(Riendo.)* ¿Tanto te duele, gringo?

FARFARELLO — No, signor. Represento. Si represento no me duele veramente. ¿Vede? Ay, ay, ay.

(Los Locos se revuelven en sueños, contagiados.)

LOCOS — Ay, ay, ay.

(El Brigadier, con una patada en el suelo, los hace callar.)

FARFARELLO — *(Máscara riente, gesto histriónico.)* Il dolor si sfuma. *(Ríe, burlón.)* El teatro es un consuelo.

(Los Escribientes le pegan.)

BRIGADIER — *(Riendo.)* Está bien, polillas. Es suficiente.

(Los Escribientes vuelven a la mesa, extenuados. Los Locos gimen en sueños.)

FARFARELLO — Eh, signor, deje que ellos también se alivien. Mi fanno pietá. Pobres endemoniados. Déjelos representar, ¿sí, signor? Sin que se despierten... Que representen dormidos, para que se alivien del amor.

BRIGADIER — ¿Para qué tengo a mis locos si no es para representar? Ellos sacan su beneficio y yo el mío.

FARFARELLO — El gobierno es una pesada carga. Anche los grandes hombres necesitan su distracción.

BRIGADIER — Y si la distracción es buena, siempre deja una enseñanza. Avante, ilustre italiano, podés armar tu teatro de sueños. ¿Cómo empieza la comedia?

FARFARELLO — En el Infierno. Así debe ser.

BRIGADIER — El infierno es un buen sitio para empezar.

(Farfarello se incorpora y comienza a andar entre los Locos, tocando su mandolina.)

FARFARELLO — Fratelli, hermanos locos, ¡escuchen! El tormento es más leve cuando hay público. Y aquí este gran signor quiere saber cómo huele ahí abajo. No es un olfato delicado. Ningún perfume del infierno, ni del chico ni del grande, le hará fruncir la nariz.

BRIGADIER — Estoy acostumbrado.

FARFARELLO — *(Se ríe.)* ¿Quién está dormido? ¿Quién, despierto? ¡Io convoco e congiuro, visioni dell' Inferno! Déjenlas flotar en el aire, Locos. Noi respiriamo.

BRIGADIER — Demasiado preámbulo.

FARFARELLO — Es el primer conjuro, signor. ¡Locos!, ustedes que saben, desde el fondo del sueño, ¿qué le pasó a quella niña?

(Los Locos responden dormidos.)

BIGUÁ — ¿La doncella?

FARFARELLO — Sí.

SAN BENITO — ¿La que tentó el Maligno?

FARFARELLO — Sí.

ESTANISLAO — ¿Camila, la enamorada?

FARFARELLO — Sí.

BIGUÁ — *(Se ríe.)* Vemos en lugar santo la huella de una pezuña hendida.

FARFARELLO — ¡Ascoltate la música! ¡Guardate la medida! *(Arranca con el canto.)*
    ¿Qué vio ese día la niña,
    la prima volta?
(Los Locos cantan y bailan sonámbulos.)
LOCOS — *(Cantan.)* ¿Qué pasó?
    ¿Qué pasó?
BIGUÁ — Vio que un cura bendecía
    una pila y se acercó;
    como no la conocía,
    el cura se la mostró.
LOCOS — El cura se la mostró.
BRIGADIER — ¡Qué suciedad!
FARFARELLO — Sale lo que sale.
BRIGADIER — Veamos si mejora.
FARFARELLO — ¿Ma che hizo entonces la niña,
    la prima volta?
MURAT — La miró dolce e tranquilla,
    suspirando remojó
    sus deditos en la pila
    e dopo se persignó.
LOCOS — E dopo se persignó.
(El Brigadier se remueve, incómodo. Los Escribientes ocultan risitas infantiles.)
BRIGADIER — Bueno, no me esperaba esto.
FARFARELLO — ¿Qué cosa, signor?
BRIGADIER — Versitos obscenos, chocarrerías de niños.
FARFARELLO — Eso es no conocer el infierno. Ma scussi, signor, ¿podemos continuar? Mis locos dejan de soñar…
BRIGADIER — Veamos adónde llegan tus locos, italiano.
FARFARELLO — Gracias, signor. *(Canta.)*
    ¿Qué dijo entonces la niña,
    la prima volta?
ESTANISLAO — Ella dijo: Suave hermano,
    nadie tuvo en este mundo
    al alcance de la mano
    un misterio tan profundo,

> ni una hostia al comulgar
> tan dura para tragar.

LOCOS — Tan dura para tragar.

BRIGADIER — *(Lúgubre.)* Eso sí vale una excomunión.

FARFARELLO — Son pobres locos, signor, espíritus inmundos, y es sólo un sueño.

BRIGADIER — Sueño de malhechores.

FARFARELLO — Como todos los sueños.

BRIGADIER — No tienen que pasar de estas paredes.

FARFARELLO — Pierda cuidado, signor, son cosa que viven del secreto.

BIGUÁ — *(Interrumpe cantando.)*
> ¿Qué dijo el cura ese día,
> la prima volta?

SAN BENITO — Hija amada, lo que ves
> tres son uno y uno tres.
> Cuenta, hija, con cuidado,
> misteriosa es la verdad:
> dos que cuelgan y uno alzado.
> Santísima Trinidad.

LOCOS — Santísima Trinidad.

BRIGADIER — ¡Basta! ¡Espíritus de blasfemia! ¡Legión! ¡Fuera de esta casa! ¡Al desierto!

BIGUÁ — *(Canta.)*
> Temo, padre, me haga daño
> la verdad con su tamaño.

(A una seña del Brigadier, los Escribientes se precipitan sobre Biguá y lo golpean, pero Murat retoma el canto.)

MURAT — Hija mía, ¿no es peor
> la ignorancia que el dolor?

(Los Escribientes se arrojan sobre él.)

ESTANISLAO — Padre, haz tu voluntad:
> que me llene tu bondad.

(Los Escribientes, como moscas aturdidas, golpean a tontas y a locas.)

SAN BENITO — Y una carne son los dos:
> así lo dispone Dios.

(Sin dejar su silla, el Brigadier tira manotazos y puntapiés a los Locos que se le acercan. En realidad, parece hacerlo con ánimo de risa.)

LOCOS — Así lo dispone Dios.

(En medio de la confusión reinante, se abre de golpe la puerta de la derecha y aparece el Edecán. Los Locos se desploman, profundamente dormidos, y Farfarello deja de tocar. Hay un espeso silencio, durante el cual el Brigadier y el Edecán se miran.)

BRIGADIER — ¡Golpée antes de entrar!

EDECÁN — Perdón, señor. Oí música.

(Hace ademán de retirarse.)

BRIGADIER — *(Lo detiene con un gesto.)* Está bien, se acabó el teatro. ¿Qué hay?

EDECÁN — Parte de las avanzadas, señor, y una carta del General Flores.

(El Brigadier le hace una seña para que se acerque. Al pasar junto a Farfarello, el Edecán le pega un puntapié. El Brigadier recibe los papeles de mano del Edecán y los arroja sobre la mesa, donde los Escribientes, que ya se han acomodado en sus sillas, los reciben al vuelo.)

BRIGADIER — Clasifíquenlos.

(Los Escribientes se ponen al trabajo de inmediato.)

BRIGADIER — *(Al Edecán.)* ¿Qué pasa ahí afuera?

EDECÁN — Llueve mucho, señor.

BRIGADIER — No amaina, ¿eh?

EDECÁN — No, señor.

BRIGADIER — Una lluvia americana.

EDECÁN — Sí, señor. Para anegarlo al Loco, que está más abajo que nosotros.

BRIGADIER — ¿La artillería ya está desplegada?

EDECÁN — Sí, señor. Entre los cuerpos, como el señor lo ordenó. Cuatro piezas de a 8 entre el primero de Caballería y los Cazadores, tres piezas de a 6...

BRIGADIER — *(Interrumpiéndolo.)* ¿Y el aprovisionamiento?

EDECÁN — Asegurado, señor. Tenemos reses suficientes para tres días.

BRIGADIER — ¿Hay batalla?

EDECÁN — Todavía es incierto, señor. No están muy seguros los movimientos del Loco. Habrá que aguardar a que amanezca... ¿El señor va a inspeccionar el campamento?

BRIGADIER — Sí, tal vez... Cuando aclare... Hay muchos asuntos por despachar... *(A los Escribientes.)* A ver, che, ese parte...

(Uno de los Escribientes se levanta y lee con voz solemne.)

ESCRIBIENTE II — ¡Viva la causa americana! ¡Mueran los traidores! Señor Comandante General en Jefe: Hasta esta hora que son las tres y un cuarto mis bomberos y partidas destacadas no han encontrado enemigos por el Oratorio ni Manantiales. Al terminar este párrafo recibo parte de que una partida ligera con otra del Loco y que la rechazó y si no lo fue también acuchillada a sable y lanza válgales la oscuridad de la noche y la lluvia. Ellos deben tener algunos muertos y heridos. Disimule Señor General los defectos de esta hoja que escribo a la intemperie como siempre. Su muy atento y obediente servidor. Q. B. S. M. Que besa sus manos.

(Pausa. Sólo se escucha el suave rasguido de la mandolina de Farfarello.)

FARFARELLO — ¡Che bello spettacolo la guerra, eh signor!

BRIGADIER — *(Distraído, a los Escribientes.)* La carta, pasemelá.

(Uno de los Escribientes se la alcanza. El Brigadier rompe el sello y comienza a leerla. En un rapto de inspiración, Farfarello se incorpora y adoptando el aliento y el ademán inflamado de un actor neoclásico, comienza a recitar.)

FARFARELLO — ¡Che bello é cuando a la madrugada...!

(El Edecán va rápido hacia él y le pega.)

EDECÁN — ¡No estorbe al Brigadier!

BRIGADIER — *(Sin levantar la vista.)* Dejeló, no molesta. Es un artista.

FARFARELLO — *(Con una reverencia.)* Grazie, signor. *(Retoma el gesto.)*

 ¡Che bello é cuando a la madrugada
 los jóvenes guerreros se liberan
 del femenino sueño y de la almohada!

 Y sus ojos de espejo recuperan
 la virgen claridad, la luz remota,
 y las duras tinieblas se aligeran.

> Y el sol, el sol de la batalla brota
> del seno de la tierra y resplandece,
> luz única del triunfo o la derrota.
>
> Febo Apolo, fuego que no decrece,
> disuelve en llamas la nocturna escoria
> y el aire con sus brillos estremece.

BRIGADIER — *(Sin dejar de leer.)* Muy neoclásico.
EDECÁN — ¿Lo hago callar, señor?
BRIGADIER — ¡Hombre!, ¿qué tiene contra el teatro?
EDECÁN — Nada, señor. No es algo serio.
BRIGADIER — ¡Pero qué grave es Ud.! Siga, Farfarello.
FARFARELLO — Grazie.

> Suena el tambor y blancos, sin memoria,
> se lanzan los cachorros juguetones
> ladera abajo al llano de la gloria.
>
> Vedi, signor, cómo ya son leones,
> qué serios juegan su juego sagrado,
> aunque bramen furiosos los cañones.
>
> Cómo se agita el pecho alborotado,
> y salta a chorros la sangre viril,
> púrpura alegre en el aire dorado.

BRIGADIER — *(Sin dejar de leer.)* No está mal.
FARFARELLO — *(Con una breve reverencia.)* Tiene lo suyo, signor.

> Y en la colina, tembloroso, un vil
> rebaño campesino astuto espera
> que termine el derroche juvenil;
> porque sabe que adentro, donde impera
> Gea, la silenciosa y negra tierra,
> hay frutos sordos al bullir de afuera.
>
> Y el místico pájaro de la güerra
> se cierne sobre el campo del suplicio...

EDECÁN — ¡Qué suplicio!

(Farfarello le echa una breve, severa mirada y continúa.)
FARFARELLO — ... atisba al débil, se lanza y aferra
la ofrenda de la carne al artificio.
Triunfa el espíritu, los dioses miran
satisfechos el vano sacrificio

y luego, desdegnosi, se retiran.
Vuelven las sombras, se apaga el sonido,
los cuerpos son iguales, no respiran.

Y entregándolo todo al mismo olvido,
como una hembra indiferente y fría,
ya disuelve la noche en sin sentido
lo que ardió de sentido en pleno día.

(Pausa. Farfarello hace dos amplias reverencias y vuelve a echarse en el suelo. El Edecán lo mira con fría hostilidad. Los Locos duermen. Se escucha el rasguido de la pluma de los Escribientes sobre los papeles. El Brigadier dobla la carta.)

BRIGADIER — Sí, gringo, pero eso es en Europa. Acá se guerrea de otro modo. Siempre en la oscuridad, aunque sea en pleno día. Bajo la lluvia, en medio del barro. En el entrevero no se sabe quién es quién. No hay vistosos uniformes y lo único que brilla es la fiebre. Barro, sangre y fiebre, amasándose. Acá, gringo, Dios no terminó de soplar. La Creación está en el horno. *(Pausa. Entrega la carta doblada al Edecán, que la deposita sobre la mesa de os Escribientes.)* ¿Y el sentido de todo? ¡Vaya uno a saber! Lo estamos inventando. O lo inventa Aquel que nos tiene todavía en sus manos. El Loco y yo nos damos a muerte, sin asco. No hay más remedio. Y sin embargo, lo que vamos a parir, ni él ni yo lo conocemos. Dice el Loco que yo soy la barbarie y él la cultura. ¡Macanas! ¡Propaganda! ¿Para qué lucho yo si no es por la cultura! *(Le señala a los Escribientes.)* Vea las polillas. ¿No ponen todo por escrito? ¿Qué quiere el Loco? ¿Versos? ¡Polillas, desde ahora me ponen todo en verso!

ESCRIBIENTES — Sí, señor.

BRIGADIER — *(Se ríe.)* ¿Quiere el Loco que bailemos la contradanza? Cómo no. *(A los Escribientes.)* A ver, che, una contradanza.

(Mecánicamente, los Escribientes se incorporan y comienzan a bailar un lento y grotesco minué, que Farfarello puntea suavemente. El Brigadier se ríe a las carcajadas.)

EDECÁN — ¿Puedo retirarme, señor?

(El brigadier lo mira en silencio.)

BRIGADIER — Un buen hombre, pero demasiado grave. Quédese, no va a ver nada indecoroso. *(Se levanta y va hacia el rincón oscuro donde está Barrabás. Pausa. Al Edecán.)* Alcánceme una luz.

(El Edecán trae un candil de la mesa y lo sostiene en el hueco, iluminando a Barrabás. El Brigadier escruta al asesino en silencio. En la semipenumbra, los Escribientes continúan bailando. Se escucha la suave música de Farfarello. Pausa.)

BRIGADIER — *(Sin dejar de mirar a Barrabás.)* Carta a Flores. La ceniza de tantos fuegos. Punto. Aparte. Amigo...

EDECÁN — Señor, nadie toma su dictado.

BRIGADIER — No se aflija, las polillas lo tomarán de memoria. Tienen una memoria prodigiosa. *(Dicta.)* Amigo: Desdichado el tiempo de la aniquilación, en que la política se muestra en su más crudo aspecto. ¡Cómo quisiera yo vivir en épocas más suaves! A cada movimiento del Loco, que es un asesino, como en espejo le respondo con otro movimiento. Porque ahora vemos por espejo... Tachen lo anterior. Y cuando en ese espejo veo mi propio rostro de asesino sólo yo sé reconocer detrás de la máscara inmóvil los visajes de la angustia y el remordimiento. Tachen lo anterior. Y la compasión. Pero soy mi voluntad. Y soy un pueblo. Un pueblo manso que en mi mano se vuelve filoso y duro como la hoja de un cuchillo. Para abrirse a tajos lugar en el tiempo. Para ser un pueblo. Tachen "manso". ¿Pero hasta cuándo, mi amigo, podré sostener la voluntad general? ¿Cuándo se romperá ese sortilegio? ¿Cuándo me veré solo frente al espejo? Espero con temor. Tachen. Con impaciencia. Tachen. Con inquietud ese momento. El momento en que la historia se aparte por fin de mí y yo recupere mi verdadero rostro... *(Breve pausa.)* Tachen todo lo anterior. ¡Cómo quisiera vivir en épocas más suaves! Pero aquí me han puesto los tiempos y no seré yo quien consienta que naciones extrañas, más viriles, entren a saco a la tierra, como a tierra de nadie. Tachen "más viriles". Por eso estoy, amigo Flores, empinado en el tiempo, cuchillo en mano, atisbando lo que será. Para despejar el camino. Hacia Dios: el imán de todo.

(*Silencio durante el cual el Brigadier continúa sosteniendo la mirada de Barrabás.*)

BRIGADIER — (*Al Edecán.*) Ahora sí, váyase.

(*El Edecán golpea los tacos, deja el candil sobre la mesa y se dirige hacia la puerta. A su vez, el Brigadier chasquea los dedos a los Escribientes. Estos corren hacia la mesa y comienzan a escribir frenéticamente. El Edecán vacila junto a la puerta.*)

EDECÁN — (*Implorante.*) Señor...

BRIGADIER — ¿Sí?

EDECÁN — Me permito recordarle a esa niña... Camila.

BRIGADIER — Sí, sí... Ya voy a resolver. Ahora salga, y cierre fuerte la puerta.

(*El Edecán sale. La puerta al cerrarse retumba con un amplio eco. Los Locos se estremecen. El silencio refuerza la sensación de encierro. Sólo se escucha el rasguido de las plumas de los Escribientes sobre el papel, y el espaciado suspiro de algún Loco. El Brigadier se pasea por la sala, reconcentrado, con las manos enlazadas a la espalda. Farfarello comienza a puntear suavemente su mandolina.*)

BRIGADIER — (*Con expresión divertida.*) Farfarello.

FARFARELLO — ¿Signor?

BRIGADIER — Ud. que sabe de estas cosas, ¿por qué supone que una joven de buena familia...? (*Risa breve.*) Y no le pregunto por el curita, porque no soy niño para sorprenderme con los escándalos de los clérigos. Pero ella... Es un misterio, ¿no cree?

FARFARELLO — Habrá que interrogar a los Locos, signor.

BRIGADIER — ¿A éstos? ¿Qué pueden saber éstos?

FARFARELLO — Ellos saben, signor. (*Misterioso.*) Si uno escarba en el corazón de los locos... Todo está ahí, encerrado.

BRIGADIER — ¿Y cómo lo saca a la luz?

FARFARELLO — Con la ciencia. (*Doctoral.*) La civilizzazione, signor, ha indagado lo alto y lo bajo; las leyes que rigen las estrellas y los más oscuros secretos del corazón humano...

BRIGADIER — (*Sarcástico.*) ¿Así que también era frenólogo?

FARFARELLO — Un po', signor. Sono uno spirito moderno. Conozco un po'... de todo. (*Pasando a los hechos, con una mirada práctica en torno.*) Ebbene, de la mujer sólo puede hablar la mujer. Necesitamos una mujer.

BRIGADIER — Acá no hay mujeres.

FARFARELLO — *(Riéndose.)* Siempre hay mujeres. *(Burlón.)* ¡Eh, signor, lei non é moderno! ¡Lei non capisce! ¡Las cosas no son como aparecen! ¡Questa é la prima ley de la modernitá! *(Lo señala riéndose y dirigiéndose a los demás.)* ¡No me cree!

BRIGADIER — Cuidado, gringo.

FARFARELLO — *(Circunspecto.)* Con todo rispetto, signor, debajo del varón é possibile encontrar la mujer.

BRIGADIER — Cuidado, gringo.

FARFARELLO — No tema, signor. Es sólo un piccolo experimento científico. Con su permiso. *(Enigmático.)*

    Si lo impuro está en lo puro,
    si lo blando está en lo duro,
    si en lo claro está lo oscuro,

    que lo limpie este conjuro. *(Comienza a cantar, acompañándose con la mandolina, y a dar vueltas entre los Locos, que se agitan en sueños, angustiados, cuando él se acerca.)*

    "Jesce sole
    scagliento imperatore
    scaniello mio d' argento
    che vale quattuciento
    cu lanza cu spada
    cu l' anciello acumpagnata
    sona sona zampugnella
    ca t' accatta la vunnella…"

(Bruscamente se detiene frente a Estanislao e interrumpe su canto. Se pone en cuclillas y observa al Loco con una fría y penetrante mirada. Luego lanza una carcajada divertida, pícara e infantil.)

FARFARELLO — ¡Ecco la donna!

(Estanislao lo aparta de un empellón.)

ESTANISLAO — ¡Vade retro, Satanás!

(Queda ovillado en el suelo, temblando.)

FARFARELLO — ¡Abran los ojos, locos! *(Sacude a los Locos con un pie, mientras toca una alegre melodía en su mandolina.)* ¡Vamos, despiértense! ¡Aprite gli occhi!

(Los Locos se van despertando: se restriegan los ojos, bostezan, se desperezan.)

FARFARELLO — Hay alguien entre nosotros, un hermano que tiene un secreto.

BIGUÁ — *(Riéndose suavemente.)* Todos tenemos secretos, señor. Por algo somos locos.

FARFARELLO — Pero éste esconde un crimen espantoso. *(Señalando al Brigadier.)* Y el signor quiere saberlo.

SAN BENITO — *(Riéndose.)* ¿El Expósito, un crimen? ¡Si es un inocente! Nosotros somos peores.

MURAT — *(Con orgullo.)* Mucho peores. Auténticos asesinos. Yo degollé perros, loros, gallinas. Tengo las manos manchadas con sangre. Descuarticé toda clase de bichos.

SAN BENITO — Yo, señor, oriné contra un altar. Por eso me encerraron.

BIGUÁ — Y yo, señor, contraje nupcias con una cabra. Nosotros sí que somos culpables. Pero este loco, señor, lo único que hace es mirarse en los espejos, mirarse en el agua. No hay culpa en él.

FARFARELLO — *(Siempre tocando su instrumento.)* El agua, el agua es lo peor. Es engañosa y está llena de sueños. El agua é molto pericolosa. Ayudenmé, locos, a que este hermano nos revele qué sueña en el agua.

SAN BENITO — ¿Y qué tenemos que hacer?

FARFARELLO — Ustedes saben.

(Murat se levanta y desperezándose va junto a Estanislao. Desganado, pero con un feroz automatismo, le pega una patada.)

MURAT — ¡Hablá! *(Estanislao se ovilla aun más. A Farfarello.)* No quiere hablar.

(En toda esta escena Farfarello no deja de tocar unos acordes monótonos, obsesivos, rituales.)

FARFARELLO — ¡Vamos, pazzi, no es tan fácil arrancar al acqua sus secretos!

(Murat mira a Estanislao desconcertado, con los brazos en jarras.)

MURAT — Va a haber que degollarlo.

(San Benito se acerca a Estanislao, se sienta en el suelo frente a él y abre su Biblia.)

SAN BENITO — *(Lee.)* "Nigra sum, sed formosa, filiae Ierusalem…"

(Biguá se aproxima en cuatro patas y comienza a olfatear a Estanislao como un perro.)

FARFARELLO — *(Al Brigadier.)* Ese tiene buen olfato.

BRIGADIER — *(A Farfarello.)* Hágalo rápido.

MURAT — *(A Farfarello.)* ¿Lo apuro, señor?

FARFARELLO — *(Haciendo una breve señal de la cruz en el aire.)* In nomine Patris…

(Murat monta a horcajadas encima de Estanislao y lo aferra del pelo.)

MURAT — ¡Hablá! ¿Qué hay en el agua?

ESTANISLAO — La madre.

MURAT — *(A Farfarello.)* Dice la madre.

SAN BENITO — "Filii matris meae pugnaverunt contra me…"

BIGUÁ — *(Triunfal.)* ¡Éste no es macho! ¡Huele a perra en celo!

MURAT — *(A Estanislao, golpeándole la cabeza.)* ¡Te lo tenías guardado, eh! *(A Farfarello.)* ¿Puedo degollarlo?

FARFARELLO — ¡Déjenlo, pazzi! Algo quiere decirnos. Déjenlo levantarse.

(Murat se incorpora de un salto y le pega una patada a Estanislao.)

MURAT — ¡Que te pares!

(Estanislao se incorpora lentamente. San Benito también lo hace, con su Biblia abierta entre las manos. Biguá continúa en cuatro patas, olfateando a Estanislao.)

ESTANISLAO — La madre viene del fondo del agua.

FARFARELLO — ¡Eccole qua!

SAN BENITO — "Una est matris suae…"

ESTANISLAO — La madre, dulcemente…

MURAT — *(Exaltado.)* ¡La degollaron… a la madre de éste! ¡Y también al padre! ¡Porque eran enemigos!

FARFARELLO — ¡Zitto, Murat!

MURAT — *(Ordena.)* ¡Zitto!

ESTANISLAO — La madre se moja los pechos en el agua…

MURAT — La vio desnuda.

ESTANISLAO — Se hunde y vuelve, temblando.

FARFARELLO — ¡Eccole qua!

ESTANISLAO — La beso en el agua que se deshace.

SAN BENITO — "Osculetur me osculo oris sui..."

ESTANISLAO — Y en el beso del agua somos lo mismo. Yo soy el agua en la que ella juega. Desde el fondo de mí viene flotando y se asoma en mis labios y en mis ojos. Mira risueña por mis ojos. Me besa en el agua con mis labios. Me miro en el agua y soy ella. Yo soy ella.

(Pausa.)

SAN BENITO — "Ecce tu pulchra es, amica mea... Oculi tui columbarum."

(Cierra el libro. Pausa.)

MURAT — Habría que degollarlo. Y no digo más.

(Pausa. Biguá huele a Estanislao.)

FARFARELLO — Vea, signor, al varón transfigurado. Debajo de la piel áspera hay una suave piel. Otros ojos miran detrás de sus ojos. Vea, signor, cómo luchan las dos formas, con un resplandor de fiebre. Vealó, coronado de rosas.

MURAT — *(Ordena.)* ¡Vengan rosas!

BRIGADIER — Acá no hay rosas.

FARFARELLO — Siempre hay rosas. *(Breve pausa. Formal.)* Pero el experimento ha concluido. Si el señor quiere interrogarlo...

BRIGADIER — Yo no veo cambio en él.

FARFARELLO — *(Riéndose.)* ¡Qué hombre de poca fe!

(Repentinamente se abre la puerta de la derecha y se asoma el Edecán.)

EDECÁN — ¡Señor!

BRIGADIER — ¡Fuera!

(La puerta se cierra con un golpe seco. Pausa. Farfarello está sosteniendo sobre la cabeza de Estanislao una guirnalda trenzada de rosas. Son rosas transparentes, de suave color, que ondulan en el aire como llamitas a punto de extinguirse.)

BRIGADIER — ¿Y esas rosas?

FARFARELLO — Silencio, signor... Son rosas de sueño.

(Lentamente corona a Estanislao con la guirnalda. Hilos de sangre comienzan a correr por las sienes del loco. Pausa.)

ESTANISLAO — Yo soy ella.

SAN BENITO — Yo soy el cura.

BIGUÁ — *(Bufonesco.)* Yo soy la madre.

MURAT — Y yo el padre macho.

FARFARELLO — *(Al Brigadier.)* Todo listo, signor.

BRIGADIER — ¿Y dónde sigue la comedia?

FARFARELLO — En el Mundo.

BRIGADIER — Del Infierno al Mundo, un paso lógico. Tiene su orden.

(Farfarello comienza a puntear su mandolina y a girar en torno a Estanislao y San Benito, seguido por los otros dos Locos. Estanislao y San Benito están de pie, a bastante distancia uno del otro, en actitud hierática. Se miran, pero es claro que se ven transfigurados. A lo largo de esta escena dirigirán uno a otro sus voces con acordes cada vez más profundos. Poco a poco sus cuerpos irán acercándose con una atracción sonámbula, pero su contacto será impedido por los otros dos Locos y Farfarello, que los interrumpirán con bufonadas, empujones y golpes.)

FARFARELLO — *(Canta.)*
    ¡Qué insidioso es el amor!
    ¡Cómo juega y se divierte
    el demonio enredador,
    siempre desnudo y caliente!

Enemigo de los castos,
ve a su presa desde al aire;
no rispetta los santuarios
y hasta en las tumbas renace.
Desparrama en todos lados
su dorado, antiguo fuego;
fuego lento en los ancianos,
chispa en los niños pequeños.

Y a los jóvenes, signor,
los consume en un instante;
arden más que el propio sol
con el amor en la sangre.

Veamos la signorina,
siempre oculta y en secreto;
si es que el padre no vigila,
ronda la madre al acecho.

> De la cueva de la casa
> va a la gruta del buen Dios,
> prisionera en sus mortajas:
> libre tan sólo su voz.

MURAT — *(Canta.)*
> Primero peca la voz,
> con su lascivo temblor.

BIGUÁ — *(Canta.)*
> Por eso siempre callada,
> muda y con la vista baja.

FARFARELLO — *(Canta.)*
> De una cosa se olvidaron:
> de su cura confesor
> detrás del confesionario.
> ¡Qué insidioso es el amor!

ESTANISLAO — Tu voz, mestizo, deshace claridades. Viene en sombras, desmoronando luces. Y tiene adentro una noche de metal, recién fundida, y adentro, un diamante sin pulir, cortante.

SAN BENITO — Tu voz, oscura, viene empapada de claros líquidos. Tu voz abierta, asombrada. Como un pájaro del anochecer, que abre despacio sus alas sombrías, lustrosas de agua.

ESTANISLAO — ¿De dónde viene tu voz, oscuro? La luz, la claridad que me envolvía fue frágil para detener ese susurro profundo que se derramó en mí, que me llenó para siempre de oscuridad. Porque aunque no te vea, mestizo, tu voz es demasiado honda, demasiado de adentro para ser de otro color...

SAN BENITO — Tu voz venció, española, alzó mi sangre. Pero sólo mi voz, ciega, va a tu encuentro. ¿Qué hace esta sangre en mí, española? ¿Cómo puede mi piel tan impasible contener tanta abundancia?

MURAT — *(Canta.)*
> Primero peca la voz
> y luego pecan los ojos.
> Cierra esa puerta al varón,
> no vaya a entrar hasta el fondo.

BIGUÁ — *(Canta.)*
> Cuando una doncella va
> con la mirada desnuda,

>   regala virginidad
>   sin pedir jornal de puta.

MURAT — *(Canta.)*
>   Por eso la vista a tierra,
>   cubre tus ojos de párpados.
>   Si puedes ve como ciega
>   y si no puedes arráncalos.

ESTANISLAO — Mestizo, adiviné tus ojos porque ahí, en ese rincón, la negrura era tan espesa que devoraba las sombras de alrededor. Porque eran tan negros que engendraban claridad.

SAN BENITO — Española, descubrí tus ojos porque allí donde estaban la oscuridad palpitaba y se descorría y se hacía más clara y yo podía entrar con la noche de mis ojos y colmarte.

ESTANISLAO — Oscuro, pude ver un trazo rápido y negro en la penumbra: una, tan sólo una de tus cejas.

SAN BENITO — Y pude ver, mestiza, un vértigo de brillo mate resbalando en las tinieblas: ¿es tu frente pulida?

ESTANISLAO — Y pude ver un declive suave y encendido: ¿es la línea de tus labios?

BIGUÁ — *(Canta.)*
>   Los ojos pecaminosos
>   se deslizan por la piel;
>   la ropa sirve de estorbo,
>   resguarda la doncellez.

MURAT — *(Canta.)*
>   Por eso ocúltate, niña,
>   con los vestidos más amplios,
>   con miriñaques, puntillas,
>   y cuatro enaguas debajo.

SAN BENITO — ¿Qué es ese mundo que te envuelve y te despedaza, secreta para mí? ¿Esos andrajos lujosos que te ocultan? ¿Esos trapos pesados, esa mortaja enjoyada con que quisieron desgarrar tu carne viva para mí los muertos del mundo?

ESTANISLAO — ¿Qué es ese paño negro, áspero, que araña tu cuerpo delicado y escondido? ¿Ese estandarte incomprensible?

SAN BENITO — Te veo por fragmentos.

ESTANISLAO — Y quisiera yo envolverte y resbalar por los pliegues más pequeños de tu piel, que respiraras por mí, y entrar besando por tu boca y tu garganta hasta lo más hondo de tu cuerpo, hasta el límite de tu sangre, y anidar ahí, mecida por tus latidos, dormida para siempre, como un aire olvidado.

BIGUÁ — *(Canta.)*
    Bendita sea la ropa
    que mortifica la carne,
    que la sepulta y destroza,
    que disfraza oscuridades.

MURAT — *(Canta.)*
    Todo lo oscuro es obsceno:
    la piel morena y secreta,
    los lascivos ojos negros,
    la nocturna cabellera.

BIGUÁ — *(Canta.)*
    Por eso debes pintarte
    el rostro con polvos blancos,
    clarear tu pelo en vinagre
    y dar carmín a tus labios.

SAN BENITO — Sólo amo los colores tenues de tu oscuridad. Y me son abominables los otros, agrios y chillones, los espantosos colores de la multitud vacía. Los rostros pintarrajeados, las fláccidas mejillas blancas, colgajos de nata agria, los asquerosos cabellos rubios, de estopa podrida, los ojos celestes y aguados, como vidrios turbios.

BIGUÁ — *(Canta.)*
    Sé fría como la nieve
    y blanca por más que cueste.

ESTANISLAO — Soy oscura, hermano, pero hermosa. Guardo entre mis sombras perfumes secretos. Guardo líquidos preciosos, transparentes.

BRIGADIER — *(Con la mirada dura, reconcentrada en su interior.)* Suficiente.

(Farfarello deja de tocar automáticamente. Los Locos quedan inmóviles, a la espera.)

FARFARELLO — ¿Habló, signor?

BRIGADIER — *(Igual que antes.)* Dije suficiente.

(Farfarello, con gestos rápidos y furtivos, indica a los Locos que concluyan su representación sonámbula.)

FARFARELLO — Ei, pazzi, pazzi... locos...

(*Los Locos cambian de actitud en forma inmediata, sumiéndose de nuevo en el aislamiento, la indiferencia y el sueño. Pausa. Farfarello observa alerta al Brigadier.*)

BRIGADIER — (*Sin cambiar su actitud anterior, pausadamente.*) ¿Adónde querés llegar, gringo?

FARFARELLO — ¿Yo, signor? A ningún lado. Sono sperduto.

BRIGADIER — ¿Para quién trabajás?

FARFARELLO — Para nadie, signor. Estoy desocupado.

BRIGADIER — ¿Qué misión te encargaron?

FARFARELLO — Ma...

BRIGADIER — ¿Debilitar a nuestros soldados? ¿Insinuar en sus corazones la malicia femenina?

FARFARELLO — Yo no tengo la culpa. El señor quiso.

(*El Brigadier se incorpora y se dirige amenazante hacia Farfarello.*)

BRIGADIER — ¿Conocés al Loco?

FARFARELLO — Conozco muchos locos.

(*El Brigadier lanza una risita.*)

BRIGADIER — (*Suave, a los Escribientes.*) Alcánceme un rebenque.

(*Uno de los Escribientes se lo alcanza, presuroso. Los Locos y Farfarello se agrupan, temblando, en un rincón. El Brigadier va hacia ellos.*)

FARFARELLO — (*Tratando de simular un resto de dignidad.*) Signor, Ud. mismo lo dijo: somos artistas.

(*El Brigadier comienza a darle rebencazos.*)

BRIGADIER — ¡Fuera! ¡Fuera!

(*Los Locos y Farfarello desaparecen por la puerta de la izquierda. Pausa.*)

BRIGADIER — Uno se ahoga en esta atmósfera cerrada. (*A los Escribientes.*) Abra la puerta, che. Que entre el aire frío de la guerra.

(*Uno de los Escribientes corre hacia la puerta de la derecha y la abre. En el vano aparece el Edecán.*)

BRIGADIER — ¿Ud. espiaba?

EDECÁN — No, señor. Esperaba junto a la puerta.

(*Pausa.*)

BRIGADIER — ¿Qué hay?

EDECÁN — Llegó de la ciudad el Ministro Plenipotenciario de Su Majestad Británica.

BRIGADIER — ¿Qué quiere Inglaterra a estas horas?

EDECÁN — No sé, señor.

BRIGADIER — ¿Viene con hambre?

EDECÁN — Y con frío, señor. Calado hasta los huesos.

(Pausa.)

BRIGADIER — Que espere. Pero entre, hombre. ¿Qué hace plantado ahí, como el guardián del sepulcro?

(El Edecán entra.)

EDECÁN — Está muy cerrado aquí, señor. ¿Abro los postigos?

BRIGADIER — No. ¿Llueve todavía?

EDECÁN — No, señor. Paró la lluvia y el viento. Pero la noche está muy cerrada. Y todo está demasiado quieto.

BRIGADIER — ¿No se escuchó ningún movimiento del Loco?

EDECÁN — Nada, señor. Ningún parte.

BRIGADIER — ¿Conserva sus posiciones?

EDECÁN — Parece, señor.

BRIGADIER — Esperará la luz.

(Pausa.)

BRIGADIER — Me lo imagino al Loco. Lo puedo ver, en su tienda, desvelado, con esos ojos de Loco. *(Pausa.)* ¿Qué quiere? ¿Por qué me combate?

EDECÁN — Es un salvaje, señor, un traidor.

BRIGADIER — Sí, claro. *(Breve pausa.)* Pero está ahí, en su tienda, a la luz de la vela, con los ojos muy abiertos, brillantes. Tiene fiebre y sueña. ¿Qué sueña?

EDECÁN — ¿Quién sabe?

BRIGADIER — *(Con una risita, señalando a los Escribientes.)* Estos saben. *(Los Escribientes dejan caer sus plumas y quedan paralizados de pánico.)* ¿No es cierto, sabandijas, que ustedes saben?

ESCRIBIENTE I — *(Aterrorizado.)* No sabemos nada, señor.

BRIGADIER — *(Riendo.)* Vamos, sabandijas, ¿a quién quieren engañar? Ustedes son hombres letrados, cultos. Hombres de la pluma. Ustedes sueñan lo mismo que él.

ESCRIBIENTE II — No, señor, nosotros no soñamos.

BRIGADIER — Leen a hurtadillas sus proclamas.

ESCRIBIENTE I — Sólo cuando Ud. nos ordena que se las leamos, señor.

BRIGADIER — Pero las entienden.

ESCRIBIENTE II — No, señor, ni una palabra.

BRIGADIER — ¡Estoy rodeado de insidias, secretos, conjuraciones!

ESCRIBIENTE I — ¡Señor, somos completamente leales a su Excelencia!

BRIGADIER — ¿Completamente?

ESCRIBIENTE II — Con toda el alma.

BRIGADIER — Entonces son traidores. Porque ustedes, polillas, no tienen alma.

ESCRIBIENTE I — No, señor.

BRIGADIER — Allí donde está el alma tiene un agujero.

ESCRIBIENTE II — Sí, señor.

ESCRIBIENTE I — Pero está Ud., señor.

BRIGADIER — ¿Yo?

ESCRIBIENTE I — Sí, señor. En el agujero del alma.

(*Breve pausa. El Brigadier, socarrón, le hace con un dedo una seña para que se acerque. El Escribiente I da unos pasos hacia él. El Brigadier chasquea la lengua y mueve negativamente la cabeza.*)

BRIGADIER — Así no. Como un hombre, no. De rodillas.

(*El Escribiente I se pone de rodillas y así se acerca al Brigadier. Este lo toma de la barbilla y escudriña en el fondo de sus ojos.*)

BRIGADIER — No, no. Yo me sé ver en un espejo. Y aquí no estoy. (*Le aprieta el rostro con la mano.*) ¿Ud. se olvida, sabandija, que yo soy quien soy porque sé leer más que en los papeles y en los libros? Por ejemplo, aquí adentro está todo vacío, da vértigo mirar, una página en blanco, interminable... ¿Pero cómo? Ahí, en ese rincón, un puntito negro... Nadie se daría cuenta... Apenas se nota. Pero yo tengo una vista muy aguda. Me crié en el campo, amigo, siempre mirando a lo lejos. ¿Y qué es ese puntito? A ver... Sí, es una letra. Y reconozco esa letra. ¿Cuántas veces la tuve ante los ojos? Es la letra del Loco. (*El Escribiente se remueve. El Brigadier aprieta más. Como sofrenando a un caballo.*) Shh, quieto, quieto... Déjeme ver qué dice esa letra... Ya se va haciendo clarita... A ver, amigo, dígala, dígala en voz bien alta. *(El Escribiente lo mira, demudado.)* Ah, ¿no quiere? *(Se aparta y le hace una seña con un dedo al otro Escribiente para que se acerque.)* A ver Ud., che, lea. La tinta ya está fuerte...

(El Escribiente II se acerca presuroso. Se arrodilla frente al Escribiente I, y con el ceño fruncido fija sus ojos en los de éste, como si estuviera descifrando algo.)

BRIGADIER — ¿Ya puede leer?

ESCRIBIENTE II — Sí, señor.

BRIGADIER — Adelante.

ESCRIBIENTE II — Acá dice: "El tipo de nuestro hombre sudamericano debe ser el hombre formado para vencer al grande y agobiante enemigo de nuestro progreso: el desierto, el atraso material, la naturaleza bruta y primitiva de nuestro continente".

(Pausa. El Brigadier se frota los ojos.)

BRIGADIER — Sí, eso dice el Loco. ¿Qué más?

ESCRIBIENTE II — *("Lee" en los ojos del Escribiente I.)* "Reparad en el traje que lleváis, de pies a cabeza, y será raro que la suela de vuestro calzado sea americana. ¿Qué llamamos de buen tono, sino lo europeo? ¿Quién lleva la soberanía de nuestras modas, usos elegantes y cómodos? Cuando decimos *confortable*, conveniente, *bien, comme il faut.* ¿aludimos a cosas de los araucanos?"

(Pausa.)

BRIGADIER — Pobre loco. Sí, puedo verlo en su tienda ahora mismo, a la luz de una vela de sebo, embarrado hasta las orejas, tiritando de frío y fiebre, y soñando con ciudades doradas en el desierto, con paisanos de levita que hablen francés, *comme il faut.* Pobre loco, tendero al menudeo puesto a soñar.

(Chasquea los dedos.)

ESCRIBIENTE II — *(Vuelve a "leer".)* "Que cada caleta sea un puerto; cada afluente navegable reciba los reflejos civilizadores de la bandera de Albión; que en las márgenes del Bermejo y del Pilcomayo brillen confundidas las mismas banderas de todas partes, que alegran las aguas del Támesis, río de Inglaterra y del universo."

(El Brigadier lanza una sonora carcajada.)

BRIGADIER — *(Al Edecán.)* Oiga, Corvalán, ¿se bañó alguna vez en ese río del Universo?

EDECÁN — No, señor. Nunca salí de esta tierra.

BRIGADIER — ¡Qué bruto es Ud., paisano! ¿Así que no conoce el Jordán de los tenderos al menudeo? ¿No recibió el bautizo, Ud.?

EDECÁN — *(Siguiendo la chanza.)* Sí, señor, pero no en esas aguas.

BRIGADIER — Claro. *(Pausa.)* Este Loco daría asco si no tuviera la dignidad de su locura. Usar los ríos para abrir la tierra a los extranjeros... *(Pausa.)* Siempre desconfié de los ríos. Son los traidores de la naturaleza. Parece que corren, inocentes, dulces, llevando la tierra al mar. Y es al revés. Meten al mar intruso bien adentro de la tierra. Y el mar, Corvalán, es el peor enemigo. No pertenece a nadie. Ni siquiera es de los hombres. No es ninguna patria, no tiene historia, nadie ha nacido allí. Sólo está para que lo crucen hombres atrevidos, salvajes, que han dejado para siempre la casa de sus mayores, la tierra de sus muertos. Habría que secar los ríos, Corvalán, encadenarlos como traidores a la patria.

EDECÁN — *(Cuadrándose.)* Sí, señor.

BRIGADIER — *(Al Escribiente II.)* ¿Y, polilla? ¿Ya no se ve nada más?

(El Escribiente II esfuerza su mirada en los ojos del Escribiente I.)

ESCRIBIENTE II — No, señor. Ya no se distingue nada.

BRIGADIER — ¿Está seguro, hombre? Escudriñe, escudriñe a fondo, porque falta algo...

ESCRIBIENTE II — Está muy confuso... No se lee bien...

BRIGADIER — Vamos, esfuércese.

ESCRIBIENTE II — Sí, señor. *(Trata de "leer".)* Está muy borroso.

(El Brigadier lo toma del pelo.)

BRIGADIER — Pero hombre...

ESCRIBIENTE II — *(Rápidamente, con la voz estrangulada.)* Dice Constitución.

ESCRIBIENTE I — *(Exaltado, con los ojos desvariados.)* ¡Constitución! ¡Constitución!

(El Edecán toma un grueso legajo de la mesa y lo desploma sobre la cabeza del Escribiente I, que cae tendido.)

EDECÁN — *(Cuadrándose.)* Señor, éste es un salvaje unitario. Y está en la intimidad de Su Excelencia. Podría ser peligroso. Si Ud. lo manda, se le hace un juicio sumario.

BRIGADIER — *(Burlón.)* Dejeló, Corvalán. Como dice el Loco: "On ne tue point les idées". Además, cuando se despierte se va a olvidar de todo, seguramente. ¿Pero qué le dije? Ahí, en el fondo estaba la palabrita mágica. *(Enérgico.)* ¡Carta a Flores! *(Los dos Escribientes se incorporan como resortes y se precipitan hacia la mesa.)* Vaya, Corvalán. Que le preparen un asado a Inglaterra, y que espere.

EDECÁN — Sí, señor. *(Se dirige hacia la puerta de la derecha, la abre, pero se detiene, dubitativo.)* Señor...

(Simultáneamente se abre la puerta de la izquierda y asoma la cabeza de Farfarello.)

FARFARELLO — Eh, signor...

BRIGADIER — ¿Qué hay?

EDECÁN — Esa pobre niña, señor... Encadenada...

FARFARELLO — *(Gimoteante.)* I pazzi, signor... Hanno freddo e fame... Lloran...

EDECÁN — Señor, una palabra suya...

FARFARELLO — Signor, perdónelos... Son pobres de espíritu.

(El Brigadier permanece ensimismado. Farfarello avanza unos pasos, cauteloso. En la puerta asoma la cabeza de Murat.)

FARFARELLO — Prego, signor... Lei che é un uomo grande, piadoso...

EDECÁN — Señor, esos pecadores no se merecen tanta atención de Ud.

FARFARELLO — Son pecadores, pero simples... Y todos somos un po' pecadores, ¿eh, signor?

(Murat avanza ahora en el salón y el que asoma por la puerta es Biguá.)

EDECÁN — Señor, déjelos ir...

FARFARELLO — Signor, déjelos entrar...

EDECÁN — Señor...

FARFARELLO — Signor...

(Biguá ha entrado. Ahora se asoman San Benito y Estanislao. Pausa.)

BRIGADIER — Yo haré justicia.

EDECÁN — Sí, señor.

(Va a salir.)

BRIGADIER — Espere.

FARFARELLO — Grazie, signor... Perché non é giusto que estos pobres estén a la intemperie.

(Hace señas a los Locos para que entren.)

BRIGADIER — *(Al Edecán.)* ¿Cuáles eran las últimas posiciones del Loco?

EDECÁN — Las noticias no son muy claras, señor. Al parecer el Loco colocó su caballería en el ala izquierda. Y en el centro, en un bajo, se han detectado algunos batallones de infantería.

BRIGADIER — ¿Eso es todo?

EDECÁN — Sí, señor.

BRIGADIER — ¿Escuchó, Murat?

MURAT — Por supuesto, Su Excelencia.

BRIGADIER — ¿Y Ud. qué haría?

MURAT — *(Veloz y automáticamente.)* No hay duda, señor, de que la izquierda enemiga es la parte flaca de su línea. A ella debe dirigirse el principal esfuerzo, pues una vez que se logre separarla de su centro, la infantería, podría ser tomada de revés o atacada por el flanco que le queda descubierto. En consecuencia los 10.000 caballos colocados a nuestra derecha iniciarían la batalla, arrollarían los escuadrones situados en primera línea y los echarían rotos y dispersos sobre las columnas de su espalda, que sin tiempo ni espacio para maniobrar serían envueltas en una misma derrota y confusión.

BRIGADIER — Gracias Murat.

MURAT — De nada, Su Excelencia.

BRIGADIER — *(Al Edecán.)* Esas son mis órdenes.

EDECÁN — *(Perplejo.)* Señor, le imploro que lo medite.

BRIGADIER — No es necesario. Sólo los locos entienden a los locos. Esas son mis órdenes.

EDECÁN — Sí, señor.

BRIGADIER — Ahora vaya.

(El Edecán cierra tras de sí la puerta de la derecha, al mismo tiempo que San Benito cierra la de la izquierda. El golpe de ambas puertas al cerrarse simultáneamente produce un extraño eco, como el de una losa al sellar una cripta. Las luces vacilan y un estremecimiento recorre a los personajes. Hay un largo silencio. Sin que nadie se lo pida, uno de los Escribientes toma un papel y comienza a leer con voz monótona y sonámbula.)

ESCRIBIENTE II — "El Oficial primero en comisión, del Departamento de Policía. Al Señor Ministro de Relaciones Exteriores. El que firma tiene el honor de poner en conocimiento de Vuesa Señoría que los dos reos infames que han escandalizado al país, el Presbítero y Doña Camila, llegaron la noche del 12 del corriente a la casa pulpería de Don Cesáreo Argüello en el partido de la Villa del Luján, quien por ser avanzada la hora no quiso abrir la puerta, por lo que hicieron noche en una enramada..."

(Bruscamente detiene la lectura, durante la cual el Brigadier, luego de tomar una vela, se ha acercado con paso cansado hasta el rincón donde yace Barrabás. Pausa. Farfarello comienza a rasguear suavemente su mandolina.)

ESCRIBIENTE I — *(Retoma la lectura de modo automático.)* "... que el 13 por la mañana se prestó Gualberto Suárez a acompañarlos hasta el río Pilar donde los dejó bañándose en dirección al camino del Norte..."

(Interrumpe la lectura. El Brigadier, en cuclillas, acerca la vela al rostro de Barrabás, para escudriñar sus ojos. Farfarello se dirige hacia él tocando su instrumento. Cuando está a su lado se agacha y le susurra, con enigmática expresión.)

FARFARELLO — Del Infierno al Mundo, ¿y del Mundo, signor?

BRIGADIER — Ese es tu juego, italiano.

FARFARELLO — Entonces al Purgatorio.

(Da una vuelta en torno al Brigadier, sin dejar de tocar, y retorna a su sitio, pasando entre los Locos, que se estremecen en sueños.)

BRIGADIER — *(Con sus ojos clavados en los de Barrabás.)* Hermano loco, asesino, ojos de gato montés...

ESCRIBIENTE II — *(Inopinadamente.)* "... que el reo se daba el nombre de José e iba recién afeitado en caballo sebruno, con apero y unas maletas..."

BRIGADIER — *(A Barrabás.)* ¿Quién sabe lo que vos sabés, hermano?

ESCRIBIENTE I — "... chaqueta de paño, bota fuerte y poncho..."

SAN BENITO — *(Desde las penumbras.)* Te veo, hermana, tendida sobre la tierra, con el pelo abierto y húmedo de rocío. Tus ojos son dos pozos oscuros, llenos de un agua temblorosa, que espera.

ESCRIBIENTE II — "... que ella se daba el nombre de Florentina, iba en un caballo ruano, gordo y rabón..."

ESTANISLAO — Te veo, hermano, erguido frente a mí. Tus ojos de asesino brillan, negros y duros. Mis ojos tiemblan y se licúan. Y mi sangre huye adentro de mí.

MURAT — Este es el misterio del cuerpo. Los ojos resbalan por la superficie, pero es adentro, adentro...

BRIGADIER — *(Por Barrabás.)* Este hermano no se contentó con asomarse nomás al misterio del cuerpo... tocarlo desde afuera. Él entró, cuchillo en mano, en el misterio...

SAN BENITO — Este es el misterio del cuerpo. Apenas más sólida que el aire, la forma se desliza y remonta vuelo o desciende en lento vértigo hacia escondidos rincones. Pero la forma es leve, cambiante. Es otra cosa lo que busco, hermana: lo espeso que está adentro, la oscuridad cerrada, inmóvil, lo que no cambia.

BIGUÁ — Y sin embargo, tendida sobre la tierra, espero tu salto de león oscuro, el roce hiriente de tus mejillas, tus dedos hundiéndose en mi carne como garras, tu boca rápida en devorarme.

MURAT — Te acecho, esposa, como a un enemigo. Impaciente por desgarrar tu suave piel, horadar tu superficie, aniquilar la forma que te reviste y te oculta.

SAN BENITO — Disuelta en miedo, sólo un destino ciego mantiene juntas mi sangre y mi pelo, mis nervios, mi piel y mis huesos. Porque fui hecha para esperar. Para ser deshecha por tus manos.

BRIGADIER — *(Mirando a Barrabás.)* Él entró, cuchillo en mano, en la carne viva... Rompió y despedazó para entrar... Y ahí quedó, encerrado para siempre... Ya es otro.

ESTANISLAO — Y sin embargo, hermana, ¿cómo podría destruir lo que tan dulcemente te contiene? ¿Cómo podría afear lo que es hermoso porque precisamente te contiene? Estoy en mi cuerpo, desgarrado del tuyo, y te contemplo y te rozo, con infinita nostalgia de lo profundo. Y sé que esa nostalgia es la belleza. Y te cuido de mí mismo, egoísta y avaro, enamorado de mi propia exaltación ante el perfume de tu carne infranqueable.

BIGUÁ — Fui hecha de oscuras grietas, de hambrientas concavidades. Fui hecha para envolver y tragar. Pacífica y leve, como la noche que abre sus labios a la luz impetuosa y luego, imperceptible, vuelve a cerrarlos. Ni siquiera mis huesos resistirán tu paso, hermano. Elásticos y frágiles, desarmarán su innecesario plan. Adentro, muy adentro de mí te espero, cada vez más blanda, asesino.

BRIGADIER — *(A Barrabás.)* Carnicero, ojos de carbón encendido... Estás ahí, mudo... Perdida para siempre la palabra... Ya no podés contarnos nada, ni siquiera ser juzgado... Sólo mirar con ojos de fiera desde el abismo exterior... Y nosotros ya no sabemos descifrar esa mirada.

ESCRIBIENTE I — "... poncho inglés color café, gorrita de paño, en silla de señora nueva..."

MURAT — Recorro tu cuerpo, hermana, con el ungüento de mis dedos y la blandura secreta de mi lengua. Respiro embriagado en el hueco de tu cuello y de tu hombro, y para mí, vigía nocturno, se abren tus axilas, donde crece un musgo siempre húmedo.

ESTANISLAO — Guerrero inflamado, mis brazos no se alzarán para cubrirme, ni detener tu guerra contra mí, sino para ceñir tu espalda tensa, tu arqueada cintura...

BIGUÁ — Y descanso mi cabeza entre tus pechos, que arrullan como dos palomas. Y detengo mis labios en tus pezones, rugosos y maduros.

MURAT — Mis dedos hundidos en tu pelo, amado, acariciando tu terca nuca, son como un laurel que anticipa tu victoria.

SAN BENITO — Y en el atardecer de tu vientre, me deshago en sombras, que serpentean hasta llenar el cáliz pequeño de tu ombligo.

BIGUÁ — Tus brazos, amado, me encierran y me sofocan. Tu pecho pesa como una montaña sobre mí.

ESCRIBIENTE II — "... que le ofrecieron cuando estaban en la orilla del río Pilar quinientos pesos..."

ESTANISLAO — ¡Qué dilatada planicie es tu espalda, hermana!

BIGUÁ — ¡Qué hermoso es tu vientre tirante, hermano!

SAN BENITO — ¡Y qué tersas, brillosas y abundantes son tus ancas, misteriosa yegua! Brotan estremecidas, en redonda plenitud, se alzan voluptuosas y repentinamente se pliegan hacia lo más profundo de tu cuerpo.

ESTANISLAO — ¡Qué surcos hondos y brutales tus hijares, potro alzado! ¡Con qué energía descienden desde tus caderas y al juntarse se ocultan como ríos violentos en una selva primitiva! ¡Qué altivas columnas tus muslos, tallados en noche sólida!

MURAT — ¿De qué fantástico animal son tus piernas, hermana, de qué gacela sagrada, tan ágiles y firmes, engarzadas en finos tobillos?

ESTANISLAO — Y allí, hermano, del centro mismo de tu oscuridad, de negros peñascos se levanta un apretado chorro de sangre esplendorosa. ¡Tan apretada sangre que brilla, bermeja! ¡Sangre erguida! ¡Tu insignia más sagrada!

SAN BENITO — Y en el centro mismo de tu oscuridad, hermana, otros labios se entreabren, sombreados por encajes nocturnos, y tímidamente se asoma la flor única, rosada, la Rosa Mística, la carne viva, la frontera más frágil de la sangre, aún velada para mí, para ser rota, para que yo entre sangrando y seamos una sola carne en la comunión de la sangre.

ESCRIBIENTE I — "… que haciéndole presente a este individuo las señas y filiación de ambos reos criminales, dice que son los mismos…"

SAN BENITO — Porque si ha de tolerarse este horror de ser dos cuerpos y no uno…

BIGUÁ — Porque si es intolerable hasta la más pequeña gota de aire que no respire directamente de tu boca…

MURAT — Sólo es posible, amado, que nos devoremos y nos bebamos uno al otro…

ESTANISLAO — Que calmes tu sed con mis licores: mi saliva, mi sudor, mi orina…

SAN BENITO — Que te alimentes con mis heces…

BIGUÁ — Con mi semen…

BRIGADIER — Esto debe parar.

(Se incorpora con esfuerzo y se dirige, vacilante, hacia las penumbras, donde los Locos deambulan, sonámbulos. Allí, el Brigadier intenta detener y golpear a los Locos, pero todos, como atrapados en una zona de irrealidad y sueño, se mueven con exasperante lentitud y blandura.)

MURAT — Con tu semen viscoso y blanco…

ESTANISLAO — Con los jugos marinos de tu concha...

SAN BENITO — Que olfatee tu grupa como una perra...

BIGUÁ — Que apriete tus pechos duros hasta que salte tu leche transparente...

ESTANISLAO — Que meta mis dedos en el orificio de tu culo...

MURAT — Que dilate cada uno de tus agujeros y penetre por cada uno de tus poros...

BIGUÁ — Que revuelva mi lengua en tu mierda...

SAN BENITO — Que te monte como un animal fabuloso de mil pijas y acribille tu cuerpo hasta que se desangre...

ESTANISLAO — Que muerda tus pelotas y chupe de allí tu semen más reciente...

(Repentinamente se produce un espeso silencio. Hay un remolino de sombras, que al abrirse deja ver al Brigadier, de pie, con la corona de rosas llameantes en su cabeza. Hilos de sangre corren por su frente y sus mejillas. Largo silencio, que es bruscamente interrumpido por unos fuertes golpes en la puerta. Farfarello quita la corona de la cabeza del Brigadier y los Locos se desmoronan, sumidos en un profundo sueño. Pausa.)

BRIGADIER — *(Con voz débil.)* Entre.

(Entra el edecán.)

BRIGADIER — ¿Por qué golpea tan fuerte?

EDECÁN — Señor, hace largo rato que estoy golpeando.

(Breve pausa.)

BRIGADIER — ¿Qué quiere?

EDECÁN — Señor, ¿se lastimó?

BRIGADIER — No, mi amigo. *(Sonriendo.)* Sólo es sangre de sueño. ¿Qué quiere?

EDECÁN — Ese inglés. Insiste en ver a Su Excelencia.

BRIGADIER — *(Canturreando.)* Inglaterra, Inglaterra gobierna los mares... *(Pausa.)* Corvalán, hábleme de esos niños.

EDECÁN — ¿Los reos?

BRIGADIER — Sí, los reos. ¿Ud. los conocía de antes, no?

EDECÁN — Alguna que otra vez, sí señor, me crucé con ellos...

BRIGADIER — ¿Y qué impresión se llevó?

EDECÁN — Corriente.

BRIGADIER — Dígame cómo son.

EDECÁN — Bueno, él es un joven de estatura baja. Parece fuerte pero es de modales delicados. Pelo negro, ensortijado. Tiene el cutis moreno y la mirada muy viva. En conjunto simpático. No sé si recuerda el señor que le vino recomendado a Ud. y al Presbítero Palacio por el Gobernador de Tucumán.

BRIGADIER — Sí, recuerdo. ¿Y ella?

EDECÁN — Bueno, ella... *(Su mirada cobra una intensa concentración interior.)* Ella tiene ojos oscuros, largas pestañas... y el cabello es negro, abundante... *(Breve pausa.)* Marchaba con mucha desenvoltura y gracia. Bueno, ahora lleva grillos.

BRIGADIER — ¿La ha visto... ahora?

EDECÁN — Sí, claro. A los dos.

(Pausa.)

BRIGADIER — ¿Y cómo se conocieron?

EDECÁN — Bueno, en el confesionario.

BRIGADIER — ¿En el confesionario?

EDECÁN — En el confesionario.

(Se miran, tentados, y repentinamente estallan en carcajadas.)

BRIGADIER — ¡Qué niños atrevidos! ¡Qué pícaros!

EDECÁN — *(Sin dejar de reírse.)* Parece que él la empezó a visitar diariamente. En su propia casa.

BRIGADIER — *(A las carcajadas.)* ¡En las narices del padre!

EDECÁN — *(Idem.)* ¡En las narices de todo el mundo! Y ella se lo pasaba en la iglesia.

BRIGADIER — *(Señalando con un pulgar hacia arriba.)* ¡En las narices del Señor!

(Ríen a las carcajadas. Se calman. Pausa.)

EDECÁN — Bueno, y al final se fugaron.

BRIGADIER — *(Admirativamente.)* ¡Se fugaron!

EDECÁN — Se fugaron.

BRIGADIER — ¿Así nomás?

EDECÁN — Así nomás.

BRIGADIER — *(Severo.)* ¿Robaron algo?

EDECÁN — *(Rápido.)* No, señor. Se fueron en pelota.

(Pausa.)

BRIGADIER — Nadie me informó.

EDECÁN — Estaba todo el mundo aterrado. Esperaban que volvieran.

BRIGADIER — ¿Esperaban que volvieran?

EDECÁN — Sí, señor. Hasta que el padre le mandó una carta a Su Excelencia.

BRIGADIER — La leí. ¡Qué borrego!

EDECÁN — Y el señor Provisor.

BRIGADIER — Sí. Decía que era un "suceso horrendo".

EDECÁN — Y el Ilustrísimo señor Obispo de la Diócesis.

BRIGADIER — Otro cabrón.

EDECÁN — Y los diarios enemigos... Bueno, Ud. sabe, señor. Lo responsabilizan a Su Excelencia de tanta inmoralidad.

BRIGADIER — Bah, esa gente aprovecha cualquier cosa para atacarme. ¿Y los niños?

EDECÁN — Parece que querían llegar a Entre Ríos.

BRIGADIER — ¿A Entre Ríos?

EDECÁN — Sí, adonde querían llegar era a Entre Ríos. *(Pausa.)* ¡Vaya a saber!

BRIGADIER — ¿Y llegaron?

EDECÁN — Sí. Pero un cura que bajaba de la Asunción reconoció al reo. Y lo denunció a las autoridades.

BRIGADIER — Cumplió con su deber.

EDECÁN — Lo demás el señor lo debe recordar.

BRIGADIER — No.

EDECÁN — Los trajeron en carretas toldadas. Con grillos. *(Pausa.)*

BRIGADIER — ¿Y ahora cómo están?

EDECÁN — Calmos.

BRIGADIER — Son valientes.

(Pausa.)

BRIGADIER — *(Suavemente.)* Viejo...

EDECÁN — *(Sorprendido.)* ¿Sí, señor?

BRIGADIER — ¿Se descansa alguna vez, viejo? ¿La vejez es el secreto? ¿Alguna vez se aclara esta sangre?

EDECÁN — Señor, se va aclarando, sí, se ilumina, pero con una luz que nunca deja de dar calor.

BRIGADIER — ¿No envejecen nunca las pasiones?

EDECÁN — No sé, señor, si las pasiones envejecen, o el recuerdo de viejas pasiones nos mantiene vivos, o la vejez misma tiene su propia, débil, pasión.

BRIGADIER — ¿Qué pasión podés tener vos, viejo?

EDECÁN — Iluminarme del todo.

BRIGADIER — ¿Ah, sí? ¿Y cómo?

EDECÁN — Limpiándome de la más pequeña mancha de deseo. Pero eso mismo es un deseo. Y así andamos, todavía oscuros, por la tierra, con hambre de iluminación. Sí, señor, anhelo, anhelo ser pura luz. Y es eso lo que todavía me hace arder. Y es mi deseo de apagarme lo que atiza el fuego. Pero no crea, es un fuego manso, amable. A veces en la mañana, salgo a cabalgar por el campo y la luz salta y sonríe a mi alrededor, y yo también sonrío y le digo: Ya voy a llegar, ya voy a llegar.

(Pausa.)

BRIGADIER — *(Pasmado.)* No sabía que Ud. también estaba tan loco. ¿Así que hace eso? ¿Habla con la luz?

EDECÁN — *(Sonríe, con los ojos encendidos de dulce demencia.)* Sí, señor. A veces es muy fuerte esa locura. Y me enfurezco de impaciencia por ese pequeño trecho de oscuridad y miedo que me separa de... toda esa luz que descansa... grande, inconmovible... sobre la tierra. Entonces me adelanto con el pensamiento. Y veo el momento en que mis venas, mis labios, estallarán rápido, como burbujas repugnantes. Pero no va a ser más que un... instante de indignidad, de asco... Van a quedar mis huesos para restablecer el respeto... Limpios, secos, libres de todo ese líquido inmundo... Van a encanecer, respetablemente, cada vez más blancos, claros... Cada vez más porosos a la luz... Hasta que no sean más que un polvito iluminado. Y después ni siquiera eso. Una completa luz.

BRIGADIER — ¡Qué viejo loco! ¿Y Dios?

EDECÁN — Bueno, eso es Dios, ¿no? Esa es la Gloria.

(Pausa.)

BRIGADIER — Pero ahora está todo tan oscuro.

EDECÁN — Sí, señor.

BRIGADIER — Es tan difícil orientarse en esta oscuridad, encontrar el rumbo, y encima conducir esta manada de locos.

EDECÁN — Sí, señor.

BRIGADIER — ¡Y ser justo!

EDECÁN — Sí, señor.

BRIGADIER — Corvalán, se necesitaría una vida que durara miles de años, porque sólo del cansancio de la vida nace la justicia.
(Pausa.)
BRIGADIER — Corvalán, Ud. porque es un viejo; estos niños, porque son niños, buscan lo mismo.
EDECÁN — ¿Cómo, señor?
BRIGADIER — Sí, ellos buscan en la oscuridad, lo mismo que Ud. en la luz. Pero es la misma impaciencia. Siempre es la misma carne hambrienta que quiere liberarse de lo que la encadena y martiriza. ¡El tiempo, el tiempo! Ud. y ellos son culpables, Corvalán.
EDECÁN — Sí, señor.
BRIGADIER — ¡Y yo estoy acá, empinado en el tiempo, cuchillo en mano!
(Ríe, se pasea excitado, se frota las manos.)
BRIGADIER — ¿Ud. qué dice, Farfarello?
FARFARELLO — ¿Desde el punto de vista de la literatura, signor?
BRIGADIER — Desde el punto de vista que quiera.
FARFARELLO — Digo, señor, que sostenerse en el poema, que se despliega suave, a golpes de intuición, oscuramente, disparándose hacia los bordes de la conciencia, inapresable e inexpresable en todos sus matices; digo que todo esto es un estado de voluptuosidad, pero sin cuerpo, sin ese cuerpo extraño, que nos permite asirnos a lo real, y le da una meta y un fin, un final, a esa insoportable voluptuosidad. Digo que el don del poema es un don oscuro.
(Repentinamente San Benito se incorpora de un salto, con extraña exaltación, blandiendo su Biblia.)
SAN BENITO — ¡Gracias, Señor, por tu claro don, la muerte, porque de ella viene mi libertad!
BRIGADIER — *(Desconfiado.)* ¿Eso dice la Biblia?
SAN BENITO — No, señor, se me ocurrió.
BRIGADIER — *(A uno de los Escribientes.)* Peguelé, por innovar.
(El Escribiente corre hacia San Benito y le pega. El Brigadier se pasea por el lugar, preso de una gran excitación.)
BRIGADIER — ¡Carta a Flores!
(El Escribiente vuelve corriendo a la mesa.)

BRIGADIER — Ud. no conoce mi rostro, amigo Flores, y yo no conozco el suyo, pero lo adivino, como sé que Ud. adivina el mío. Porque los dos somos hijos de esta tierra; mancebos de la tierra, como nos llamaron. Dos ríos de sangre se han juntado para hacernos: la sangre de España, iluminada por el Dios del bautismo, y la sangre oscura de los hombres naturales. Porque Europa ya se derramó aquí, sacó a la luz lo que estaba oculto, aniquiló a los dioses anteriores y bautizó lo que se mantenía en secreto, lo que Dios guardaba para algo. El bautismo fue duro y sangriento, pero ha dado una fuente que tiene su propio resplandor. Y eso es lo que estos hombres sutiles no entienden. Ellos vuelven de Europa sobre el lomo del Océano en sus barcos de fierro, porque han abandonado la madera, lo que naturalmente flota, y han encontrado el modo sutil de que lo más pesado se sostenga encima de lo más liviano. Han violentado a la naturaleza con su ingenio. Y ésa es la condición de su poder y, tal vez, de su triunfo. Estos hombres son artificios. Quieren forzar el tiempo y reproducir acá sus trucos, porque no soportan tanta virginidad y misterio. Y nosotros, amigo Flores, más allá de nuestra derrota, presentimos que para otra cosa nos guarda Dios, en la indescifrable economía de su plan.

(Pausa.)

BRIGADIER — *(Al Edecán.)* Ahora sí, dígale a Inglaterra que entre.

(El Edecán se cuadra y sale.)

BRIGADIER — *(A los Escribientes.)* ¿Qué es eso que dice el Loco, che, sobre los ingleses?

(Uno de los Escribientes busca frenético entre los papeles, encuentra uno y lo lee.)

ESCRIBIENTE I — "El pueblo inglés ha sido el pueblo más conquistado de cuantos existen: todas las naciones han pisado su suelo y mezclado a él su sangre y su raza. Es producto de un cruzamiento infinito de castas; y por eso justamente el inglés es el más perfecto de los hombres..."

(Se abre la puerta y entra Canning, seguido por el Edecán. El inglés es un individuo francamente lamentable y su atuendo y el estado en que se encuentra lo es más aun. Sus ropas están en desorden, sucias y completamente embarradas. Los Locos se despiertan, regocijados, como ante la aparición de un cofrade.)

BRIGADIER — ¿Qué tal, Canning? ¿Comió?

CANNING — Asado con cuero. *(Estornuda.)* Hace un frío de cagarse. Mojado hasta las pelotas.
(Vuelve a estornudar y se sopla la nariz con los dedos, arrojando sus mocos a cualquier parte, lo que provoca un revuelo entre los Locos.)
MURAT — Tenga un poco de cuidado, asqueroso.
CANNING — *(A Murat.)* ¡Fuck you!
BRIGADIER — *(A un Escribiente.)* Tírele un pañuelo.
CANNING — Vengo por un asunto urgente.
(Se guarda el pañuelo que un Escribiente le ha alcanzado con cierta repugnancia.)
BRIGADIER — *(Después de oler algo desagradable.)* Digamé, mi amigo, ¿por qué tiene ese olor a mierda?
(Canning lanza una risa canallesca y se huele la manga.)
CANNING — Esa chinita que me cebaba el mate. Tenía unas tetas así, de vaca. *(Le guiña el ojo al Brigadier.)* Somos hombres, ¿eh? La corrí y la tumbé en un bostero, entre las patas de los caballos. *(Pone los ojos en blanco.)* ¡Heavenly!
BRIGADIER — Todavía tiene la bragueta abierta.
CANNING — *(Se ríe, mientras se abrocha la bragueta.)* ¡Que no se vuele el pájaro! *(Biguá se ha acercado a él en cuatro patas y lo huele. Canning le pega un puntapié.)* ¡Piss off! *(Estornuda. Se sopla la nariz con los dedos y arroja los mocos. Murat, indignado, se incorpora de un salto y desenvaina su sablecito de latón.)* Bueno, nuestro asunto.
(Se hurga nervioso la nariz.)
BRIGADIER — Diga, nomás.
CANNING — Traigo una formal protesta de Su Majestad.
BRIGADIER — ¿Tan grave es?
CANNING — Gravísimo. *(Cambia de tono, y trata de hacerse el campechano, pasando un brazo por encima del hombro del Brigadier.)* Ud. sabe, mi amigo, lo que pasa en el puerto.
BRIGADIER — *(Zafándose.)* No.
CANNING — Míster Brigadier, todos esos carreteros, changadores, negros de mierda... aprovechan el desembarco para cometer robos descarados y sistemáticos de mercadería inglesa. Nuestros comerciantes han elevado un reclamo a Su Majestad... *(San Benito se ha parado frente a Canning y lo mira pesadamente, mientras golpea fuerte con una mano la Biblia que sostiene en la otra.)* ¿Qué le pasa a éste?

SAN BENITO — *(Sordamente.)* ¡Anglicano! ¡Anticristo!
CANNING — *(Al Brigadier.)* ¡Exigimos libertad de cultos!
BRIGADIER — Hay libertad de cultos.
CANNING — Y amén. *(Empuja a San Benito a un costado y se encara con el Brigadier.)* Míster Brigadier, si no se corrige esta situación del puerto, no sé lo que pueda ocurrir con la flota británica...
BRIGADIER — ¿Ud. me amenaza?
CANNING — Pero señor...
(Estornuda. Se sopla la nariz con los dedos y arroja los mocos. Murat pega un grito salvaje y le hunde el sable de latón entre las nalgas, al mismo tiempo que San Benito le descarga la Biblia en la cabeza.)
CANNING — ¡Esto es un incidente diplomático!
BRIGADIER — *(A los Locos.)* ¡Quietos, che! *(Al inglés, socarrón.)* Mis excusas.
CANNING — Aceptadas. *(Con un guiño.)* Señor, es mercadería inglesa de primera calidad. Muy valiosa. Paños de Halifax. *(Se levanta un faldón de la levita y se lo tiende al Brigadier.)* Toque. *(Biguá se acerca y husmea. Recibe una patada de Canning. Biguá se aparta aullando y comienza a gruñirle. Canning se acerca al Brigadier, le guiña un ojo y lo codea.)* Le traje una pieza a Su Excelencia. Regalo de los comerciantes británicos.
BRIGADIER — ¿Ah, sí?
CANNING — ¿Confiamos en la solución de tan grave problema?
BRIGADIER — Yo haré justicia.
CANNING — Ud. es un caballero.
(Le toma la mano para besársela.)
BRIGADIER — Sí. Adiós, amigo.
CANNING — Adiós, señor.
(Gira para irse.)
BRIGADIER — ¿Se vuelve a la ciudad?
CANNING — Certainly, milord.
BRIGADIER — ¿Por el rumbo del Loco?
CANNING — Señor, somos neutrales.
BRIGADIER — ¿Con Dios y con el Diablo?
CANNING — Señor, defendemos nuestros intereses.
BRIGADIER — Sí, claro. *(A los Locos.)* Acompañen al caballero.

(Canning sale, hostigado por los Locos. Biguá le ladra e intenta morderle una pierna. Murat lo amenaza con su sable y San Benito con la Biblia. Canning los aparta a empujones y puntapiés.)

MURAT — ¡Enemigo! ¡Espía!

SAN BENITO — ¡Diablo anglicano! ¡Cismático!

CANNING — ¡Piss off, piss off! ¡Little shits! ¡Sons of a bitch!

(Sale. Pausa. Los Locos vuelven a sus lugares y se duermen. El Brigadier camina por el lugar, con febril inquietud.)

BRIGADIER — *(Al Edecán.)* ¿Cuanto falta para que rompa el día?

EDECÁN — Poco menos de una hora, señor.

(Pausa.)

BRIGADIER — ¿Escucha?

EDECÁN — Nada, señor.

BRIGADIER — El Loco, se está moviendo. Va a dar batalla.

EDECÁN — No escucho nada, señor.

(Pausa. Farfarello comienza a tocar suavemente su mandolina. Son unos acordes extraños, que se van haciendo cada vez más intensos.)

BRIGADIER — ¿Y no huele nada?

EDECÁN — No, señor.

BRIGADIER — Yo sí. La huelo, la batalla. Pronto va a empezar todo, la sangre, la fiebre... Mire que todo va a empezar a suceder. Que el Loco no nos tome por sorpresa. *(Va frenético hacia la mesa y agarra un puñado de papeles.)* Tome, lleve las órdenes.

EDECÁN — Señor, ¿qué órdenes?

BRIGADIER — Ud. ya sabe ¡Todo el mundo alerta! ¡Salga! ¡Salga! ¡Salga!

(Lo empuja al Edecán hasta la puerta y la cierra detrás de él con un fuerte golpe. La música de Farfarello se interrumpe bruscamente. El Brigadier se apoya contra la puerta, agitado. En el profundo silencio, la luz del lugar comienza a transfigurarse. Se hace dorada, extraña, resplandeciente. Farfarello se incorpora con lentitud, va hasta el centro de la escena y anuncia, solemne.)

FARFARELLO — ¡Paradiso, signor!

(Hace una reverencia y se aparta. Los Locos se remueven en sueños. Muy lentamente San Benito se incorpora, dormido.)

SAN BENITO — Una tarde detuvo nuestra huida
                un río muy antiguo y luminoso.

(Se desploma blandamente. Murat se incorpora.)

MURAT — "Hermana –dije–, el árbol de la vida
           más allá de este río crece hermoso.
           ¿Va conmigo tu senda o vas perdida?"
(Se desploma blandamente. Se incorpora Biguá, y así sucederá hasta el final de la escena, creándose un movimiento circular, de rotación, hecho de incorporaciones y caídas.)
BIGUÁ — "Hermano –respondí–, junto al esposo,
           mezclado en su camino corre el mío."
ESTANISLAO — Y quebró nuestro pie la luz del río.
SAN BENITO — Y hundidos en la clara muchedumbre
           de las aguas, fuimos dos fingidos
           peces, ya limpios de mortal herrumbre.
           El río despojó nuestros vestidos
           y con ellos se fueron la costumbre
           y los días y el mundo. Bien pulidos
           los cuerpos, y desnudos, despertamos
           en la orilla interior, y nos miramos.
MURAT — ¡Qué extraña nuestra piel resplandecía
           en el aire de plata de un lozano,
           eterno amanecer!
BIGUÁ — La luz llovía.
ESTANISLAO — Y era de oro vibrante un sol cercano,
           del que nunca sabremos si se hundía
           o se elevaba.
SAN BENITO — Y qué divina mano
           lo fijó para siempre, desgarrado
           del tiempo, tierno sol encadenado.
MURAT — Con ojos encendidos de inocencia
           y asombro, nos fuimos adentrando
           en la selva entrerriana. Sin urgencia,
           olvidadas las voces, escuchando
           los límpidos rumores. Una ciencia
           oscura guiaba nuestros pasos. Cuando
           el aire se movía, nos llevaba;
           quieto luego en la luz, nos aquietaba.
BIGUÁ — Ebrios de paz, fugaces animales
           rozaban nuestra piel, enamorados.
ESTANISLAO — Vimos tigres, que en cándidos panales
           saciaban su hambre.
SAN BENITO — Vimos pintados

           en un claro corderos y chacales,
           morando en vecindad, santificados.
MURAT — Y tuvimos un sueño de serpientes,
           que acunaban a un niño, transparentes.
BIGUÁ — El tiempo había huido del follaje,
           no quitaba su lustre a la madera,
           ni gastaba en las hojas el salvaje
           color del primer alba. Ni siquiera
           los frutos conocían ese ultraje.
           Y expiada ya su falta, aun la higuera
           que pecó de avaricia un alto día,
           bañada de piedad, reverdecía.
ESTANISLAO — Cada piedra brillando señalaba
           el rumbo claro al centro misterioso.
SAN BENITO — Y la tierra traslúcida mostraba
           sus venas de metal.
MURAT — Un riguroso
           laberinto de luz que nos guiaba
           hacia el árbol final.
BIGUÁ — Vilo frondoso,
           llamarada de gloria, mies de altura
           y corona de gracia en la espesura.
ESTANISLAO — Tendida yo a sus pies, sobre una alfombra
           de eternidad, bajo el sagrado leño,
           ya cae sobre mí como una sombra,
           se apodera de mí el severo dueño,
           el que sabe mi nombre, el que me nombra,
           cae como una niebla, un manto, un sueño.
           Y yo soy él, ya somos uno mismo,
           no hay otro, no hay fronteras, no hay abismo.
SAN BENITO — Yo soy ella. Mi piel aniquilada
           deja pasar el vértigo jugoso.
           Libre por fin de mí en su delicada
           cárcel, muero y renazco victorioso,
           en sangre transparente, iluminada.
           Yo soy en ella mi cuerpo glorioso.
           Disuelto en resplandor mi fuego amante,
           soy tiempo liberado, puro instante.
ESTANISLAO — Las palabras escapan de nosotros,
           ya no soplan su orgullo.

BIGUÁ — Nada empaña
    el antiguo saber, henchido de otros
    sueños.
MURAT — Saber del pájaro en la hazaña
    de su vuelo, del trueno de los potros,
    del ritual de alabanza de la araña.
SAN BENITO — Patria perpetua de albas y animales,
    de juegos compartidos, inmortales.
ESTANISLAO — En lentas espirales descendemos
    por el sueño del árbol.
BIGUÁ — Y en el centro
    tenaz de su misterio anochecemos.
MURAT — Donde nace el latido, muy adentro,
    sumergidos en savia, arbolecemos.
SAN BENITO — Nupcias frutales, amoroso encuentro
    de pétalos y labios; la madera
    en carne viva, en flor la cabellera.
ESTANISLAO — Y en el barro inicial, en polvo, arcilla,
    desnacen nuestros cuerpos.
BIGUÁ — El aliento
    regresa a Quien sopló y fue la Semilla
    de los días.
MURAT — En paz, cada elemento
    reanuda el sueño de la tierra.
SAN BENITO — Brilla
    lo seco en el metal, flota en el viento
    lo leve.
ESTANISLAO — Vuelve lo húmedo a su trama
    de agua viva, lo cálido a la llama.
BIGUÁ — Y en las tinieblas, final del sendero,
    vemos la horrible faz, Dios al acecho,
    rodeado por la Bestia y el Cordero.
MURAT — Y se desatan los nudos de lo hecho
    desde el séptimo día hasta el primero.
SAN BENITO — Somos restos de un Génesis deshecho.
ESTANISLAO — Fragmentos de agua y luz.
BIGUÁ — Sombra obstinada.
MURAT — Y aun menos que restos.
SAN BENITO — Nada, nada.

(Pausa. Poco a poco la luz vuelve a la normalidad. Los Locos están tendidos por el lugar y el Brigadier está sentado con expresión tranquila hacia la izquierda de la escena. La puerta de la derecha se abre sola, lentamente, y en el vano aparece el Edecán. Pausa.)

BRIGADIER — Pase, hombre, no se quede en el umbral.

(El Edecán entra pausadamente.)

BRIGADIER — ¿Qué pasa afuera?

EDECÁN — Está todo quieto.

BRIGADIER — Pero yo sé que el Loco está ahí, agazapado.

EDECÁN — Sí, señor. La batalla es segura. Yo también la presiento, ahora.

(El Brigadier expele el aire por su boca, largamente, y se afloja sobre su silla. Pausa.)

BRIGADIER — ¡Qué paz! ¡Qué enorme y simple paz! Ahora todo tiene su orden. *(Se despereza.)* Déjeme descansar, ¿quiere? Ha sido una noche larga.

(Pausa. El Edecán vacila.)

EDECÁN — Señor... ya que la batalla es segura... y falta poco para que amanezca, y el señor dijo... Perdonemé que le recuerde una decisión sobre ese asunto enojoso. Pero es que esos niños aquí estorban. Y además, si se pone duro corren peligro.

(Breve pausa.)

BRIGADIER — Es un asunto enojoso.

EDECÁN — Sí, señor.

BRIGADIER — ¿Ud. qué recomienda?

EDECÁN — *(Sonriendo.)* ¿Y cómo he de saber, señor? Yo ya estoy lejos de esos lances...

BRIGADIER — Hombre, ¿para qué lo tengo en mi Estado Mayor? Arriesgue un consejo.

EDECÁN — *(Se cuadra.)* Sí, señor. Yo creo, señor, que hay que escarmentar.

BRIGADIER — Ajá.

EDECÁN — Han ofendido y escandalizado mucho a la sociedad con su crimen.

BRIGADIER — Ajá.

EDECÁN — Así que aconsejo al señor que se muestre duro.

BRIGADIER — ¿Y Ud. qué haría?

EDECÁN — Yo al cura renegado lo metería un tiempo en la cárcel hasta que pase la polvareda y después lo entregaría a la Santa Iglesia para lo que convenga.

BRIGADIER — ¿Y a ella?

EDECÁN — *(Vacila.)* Bueno, señor, ella, con su estado delicado y su deshonor, ya tiene bastante castigo... Además que sus padres sabrán qué hacer...

(Pausa. El Brigadier se levanta, riendo.)

BRIGADIER — ¡Por fin el Loco se decidió! Ya estaba cansado de verme en el espejo, oscuramente... Ahora nos veremos cara a cara. ¿Cómo pinta la mañana?

EDECÁN — Había empezado a lloviznar de nuevo.

BRIGADIER — *(Riendo.)* Siempre el barro, el barro. ¿No va a secar nunca? ¿Qué quiere Dios de nosotros?

EDECÁN — Falta poco para saber.

BRIGADIER — Sí, falta poco.

(Pausa.)

EDECÁN — ¿Y, señor? ¿Tomó su decisión?

BRIGADIER — Que los fusilen.

(El Edecán lo mira con estupor. Los Locos se despiertan con un estremecimiento, incorporan sus torsos y quedan paralizados, con los ojos muy abiertos.)

EDECÁN — *(Reaccionando.)* No, señor, me refiero a esos niños alocados.

BRIGADIER — Sí, que los fusilen.

(El Edecán lo mira pálido, aterrado.)

BRIGADIER — *(Con brusca exaltación.)* ¿Qué le pasa? ¿No entiende?

(Repentinamente, salta sobre el Edecán y con salvaje desenfreno, ciego y desesperado, con toda la violencia contenida hasta ahora, lo sacude por la ropa.)

BRIGADIER — ¡Idiota! ¡Ud. siempre fue un idiota! ¡Pelele! ¿Cómo se atreve a venir acá con su sentimentalismo dulzón de viejo chocho a insultar la fuerza de esa juventud? ¿Qué se cree que esperan ellos de mí allí, inmensos, calmos? ¿Cómo piensa que yo no voy a dar una respuesta valiente al tamaño de su valentía? ¡Es a ellos a quienes amo, a ellos! ¡Pero estoy haciendo un mundo! ¿Entiende? ¿Entiende?

(Lo abofetea varias veces. Lo suelta. Pausa.)

BRIGADIER — *(Más calmado.)* Mire todos: cómo corrieron asustados a sus casas, temblando, cuando apareció esa mancha. Es un escándalo, sí. Porque toda pasión, así, enorme, es un escándalo para el mundo. Porque lo revuelve y lo desintegra. Porque el mundo no es más que una red infinita de pequeñas cobardías. Y acá la red se rompió. *(Breve pausa.)* ¡Qué ironía, Flores, que yo con mi valentía sea el representante de la cobardía general! Que yo cometa este acto atroz para que mañana todo ese hato de borregos respire aliviado y mande a sus hijas a misa sin el temor de que un cura les salga detrás del altar con la pija en la mano. Para que mañana toda esa chusma, toda esa gentuza que sólo quiere vivir *confortable, comme il faut,* que no arriesga el cuero por ninguna libertad, porque la libertad los aterra, gimotee sobre la libertad... Para que esa ralea innoble, que se caga de miedo ante la furia y el desorden del amor, se babosee sobre el amor masacrado, y escriban versitos sentimentales y lancen una lagrimita por los desdichados amantes. Yo no puedo soportar solo este pueblo, Flores. Me pesa demasiado. *(Pausa. Más calmo.)* Pero no seamos tan injustos. Es preferible soñar con el amor que padecerlo. Y es de estas pesadillas que nacen esos sueños.

(Pausa.)

EDECÁN — *(Desencajado.)* Señor, ellos... sólo quisieron...

BRIGADIER — *(Cansado.)* Le digo, Corvalán, que no balbucee sobre la libertad... No se hace un mundo sobre la libertad absoluta. Lo perdono a Ud. porque es un hombre piadoso.

FARFARELLO — "Qui vive la pietá quand' é ben morta..."

BRIGADIER — Fueron... demasiado naturales. Y si aquí estamos, Flores, haciendo un mundo es porque Alguien, alguna vez, pegó un formidable tajo en la naturaleza... Porque fuimos expulsados para siempre del Paraíso... Y porque en el camino en que vamos, aunque no sabemos adónde vamos, ya no podemos retroceder. *(Pausa.)* Donde ellos estén siempre voy a estar yo. Donde yo esté siempre van a estar ellos. *(Pausa.)* Con esto el Loco va a saber que yo también soy un civilizador... Vaya.

EDECÁN — ¡Señor!
BRIGADIER — Cumpla.
EDECÁN — ¡Señor!
BRIGADIER — Hágalo.
EDECÁN — ¡Señor!
BRIGADIER — Se lo ordeno.

EDECÁN — *(Es un aullido de angustia, desgarrador.)* ¡Señor!
(No hay respuesta. Una pausa y el Edecán sale. Cuando la puerta se cierra, Estanislao se levanta de un salto.)

ESTANISLAO — ¡Hermanos, en verdad os digo que todo esto es cáscara y pintura! ¡Que todo esto no es real, y que la realidad, resplandeciente, eterna, está detrás de este mundo pintado!

(El Brigadier salta sobre él, lo toma con un brazo por el cuello y lo arrastra hacia una de las paredes.)

BRIGADIER — Y acá, ¿qué está pintado?

ESTANISLAO — Es la pintura de una pared blanca, rugosa. La pared de un sepulcro.

(El Brigadier estrella brutalmente la cabeza de Estanislao contra la pared. Lo suelta y el loco cae de rodillas, aturdido y sangrando.)

BRIGADIER — ¿Y ahora?

ESTANISLAO — Perdón, señor... Es la pintura de una pared... *(Se pasa unos dedos por la sangre del rostro.)* Y esto es sangre pintada.

(Los Locos empiezan a darse contra las paredes como pájaros ciegos.)

BRIGADIER — *(A los Escribientes.)* ¡Ayudenmé!

(Junto con los Escribientes trata de detener a los Locos.)

SAN BENITO — ¡Hay que tirar abajo la pared de la razón!

MURAT — ¡Y de la certidumbre!

BIGUÁ — ¡Y de los sentidos!

(Se escucha la descarga de una fusilería. Un violento estertor sacude a los Locos, y se desploman, dormidos. Los Escribientes se dirigen hacia la mesa, quebrados, se sientan, y también se desploman de bruces sobre los papeles, fulminados de sueño. Sólo el Brigadier y Farfarello quedan despiertos. El Brigadier, extenuado, en el centro de la escena, y Farfarello, que no se ha movido, sonriendo desde su rincón.)

BRIGADIER — *(Reparando en Farfarello.)* ¿Y a Ud., Farfarello, qué le pasa que está tan callado?

FARFARELLO — *(Sonriendo.)* El autor se olvidó de mí, signor. Ya no me necesita más. Arrivederci.

(Tira besitos en el aire con los dedos y se duerme. Pausa.)

BRIGADIER — *(Para sí.)* Tiempo. Hace falta tiempo.

(Se escucha el llanto de un niño, cada vez más cercano. Entra el Edecán sosteniendo en sus brazos extendidos, como una ofrenda, a

un recién nacido, todavía ensangrentado, que se retuerce en sus manos torpes.)

EDECÁN — Es el hijo de la mujer. No sé cómo llevarlo. Creo que tiene frío.

(Sin mirarlo, el Brigadier le tiende su poncho.)

BRIGADIER — Abrigueló.

(Mientras el Edecán arropa al niño, se escuchan unos cañonazos.)

BRIGADIER — ¿Qué son esos truenos?

EDECÁN — La batalla.

(Lentamente el Brigadier, agotado, se acerca a Barrabás, cae de rodillas frente a él y desencadena sus pies. Barrabás se yergue en toda su inmensa estatura. Una intensa luz de amanecer traza líneas incandescentes en los bordes de los postigos cerrados, y avanza más suavizada por la puerta abierta, amortiguando la luz de las velas. Con un fondo de llanto calmado del niño, Barrabás se dirige, grave y terrible, hacia la puerta. El Brigadier ha quedado de espaldas a ésta, arrodillado y con la cabeza inclinada. Cuando la imponente figura de Barrabás se disuelve en la luz del umbral, comienzan a escucharse, lejanas, una alegre fanfarria de guerra y las detonaciones de fusiles y cañones.)

TELÓN

La oscuridad de la razón

Prólogo y tres actos

PERSONAJES

Mariano ....Leonardo Sbaraglia
Alma...Virginia Innocenti
María..Rita Cortese
Dalmacio ....Miguel Guerberoff
Padre ....Aldo Braga
Mujer...Felisa Yeny
Lacrimosas/Coro de la Mujer ....Dana Basso
Silvina Katz
Graciela Paola
Graciela Peralta López
Galerudos/Partida ....Horacio Acosta
Carlos Kaspar
Javier Niklison
Marcelo Pozzi
Músicos................................Chango Farías Gómez
Rubén Mono Izaurrualde

Iluminación ....Alfredo Morelli
Jaime Kogan
Música...................................Chango Farías Gómez
Vestuario ....Marlene Lievendag
Escenografía ....Tito Egurza
Dirección ....Jaime Kogan

La acción transcurre hacia 1830, en el corazón de Sudamérica.

Estrenada en Buenos Aires el 8 de setiembre de 1993 en el teatro Payró.

PRÓLOGO

Edificio en construcción o en demolición. Andamios, carretillas de madera, montañas de escombros. Y emergiendo de ellos, en monstruosa mezcla de estilos, muros rematados en ornamentación barroca, columnatas neoclásicas, escaleras que conducen a ninguna parte. El conjunto es absurdo, producto del sueño o el delirio de un arquitecto enloquecido. En las sombras del atardecer se divisa a una Mujer joven, casi adolescente, sentada entre los escombros, ensimismada. Entra Mariano. Con expresión sonámbula, lentamente se acerca a la Mujer.

MARIANO — Femme,[*]
    es-tu d'ici?
(Silencio.)
    Réponds-moi:
    suis-je arrivé?
(Silencio.)
    Es-tu réelle?
(Se acerca para tocarla.)
MUJER — No me toques,
    Mariano.
MARIANO — Mariano, sí...
    Me connais-tu?
    Eclaircis-moi
    tout à fait.
    Sache que je suis perdu.
MUJER — Has llegado,
    Mariano,
    ésta es tu casa.
MARIANO — ¿Esta,
    mi casa,

---

[*] Ver Apéndice págs. 223-225.

la casa de la infancia?
¿Esta tierra desmoronada?
Alors,
de quel rêve
–vers quel rêve–
suis-je revenu?
O no despertaré jamás?
Siempre extranjero,
sediento de realidad,
¿y condenado al desierto?
Toujours le mirage?
Creí que era sólida
la tierra que me abrigaba
y sostenía.
Pero no era tan ancho
el mar
ni tan profundo,
y el último hálito
del padre terrible
al morir
atravesó las aguas.
Licuó la tierra franca
su frío soplo,
me hizo temblar
–y todavía estoy temblando–.
Me arrebató al sueño,
zozobré,
y del paisaje en que crecí
quedó sólo una palabra:
Francia, la France,
fragancia cada vez más lejana,
borrachera y resaca
en labios del sediento.
Bailoteando
en la cima del mar encrespado
añoré hasta morir
la tierra firme de la infancia,
¿y al llegar piso escombros?
¿Qué fuerza terrible
demolió la patria?

MUJER — Este es tu destino,
    náufrago.
MARIANO — Quelle plage incertaine,
    Madame!
    Aturdido,
    arrojado por el mar,
    sin piedad por sí mismo
    me lancé al camino.
    Sacudido por los días,
    insomne,
    envuelta en polvo la galera,
    que arrastraban
    desbocados caballos,
    busqué el hogar.
    Y al aquietarse el polvo
    sólo se alzan
    andamios y escombros,
    la casa derrumbada
    en alzada demolición,
    un simulacro en ruinas
    de la patria.
MUJER — Pero has llegado, viajero,
    puedes descansar.
MARIANO — Fue un largo viaje,
    señora,
    et si je suis arrivé
    je ne me retrouve pas.
MUJER — Yo te hallaré.
MARIANO — Pourras-tu déchiffrer l'enigme,
    mi señora?
MUJER — Yo te conozco,
    Mariano.
MARIANO — Si me conoces,
    mi señora,
    même si je ne te connais pas,
    je t'en supplie,
    condúceme hacia mí.
MUJER — Yo te conduciré.
MARIANO — Détrompe mes yeux,
    ilumíname.

MUJER — Yo te iluminaré.
 Ven.
(Desaparece con Mariano entre los escombros.)

ACTO 1º

Escena I

El mismo lugar. Entra el Coro de Lacrimosas, rodeando a Alma.

LACRIMOSAS — Pálida señora,
 demudada,
 aterrada...
ALMA — Mudada, sí,
 como esta tierra...
 Aterrada, sí,
 revuelta como ella:
 la tierra del padre
 que fue sólida,
 y que hoy se desmorona
 en frágiles escombros.
 Cuando enterramos al varón
 se sublevó la oscura,
 aflojó sus cinchos
 la indócil yegua
 y desmelenó a los que sostenía.
 Con el padre se fue la realidad,
 y los de arriba empezamos a temblar,
 tenues espectros.
LACRIMOSAS — Deja yacer a los muertos,
 pálida señora,
 demudada,
 déjalos descansar,
 y que descansen tus ojos,
 secos,
 y tus cabellos,
 desmelenada.
ALMA — ¡Déjenme en paz, locas!
 ¿No merezco mi soledad?

(Las echa a empujones y arrojándoles trozos de escombros. Las Lacrimosas huyen con gritos ahogados, se ocultan y atisban.)
ALMA — ¿Dónde te encuentro, padre muerto?
    Tan fuerte fue tu irte,
    tan colosal portazo,
    que saltó la puerta de sus goznes,
    se desquició el universo.
    ¿Dónde te encuentro ahora, padre muerto?
(Las Lacrimosas vuelven a insinuarse entre los escombros.)
LACRIMOSAS — Calma tu furia,
    furiosa,
    desquiciada.
    Cólmate de paciencia,
    impaciente...
    Algo sucederá,
    que vuelva al orden,
    desordenada...
ALMA — Tanto desorden,
    sólo un desorden mayor
    podría ordenarlo.
    Un desorden tal,
    que éste,
    pálido,
    fuese motivo de añoranza.
LACRIMOSAS — ¿Qué buscas, loca?
    ¿Más escándalo?
ALMA — Siempre habrá escándalos...
LACRIMOSAS — Pero ay de aquél
    por el que vienen los escándalos
    al mundo.
ALMA — No es desempolvando
    viejas palabras
    que el mundo marcha.
    Cuando ceden los cimientos
    –y el padre fue uno–,
    cuando el edificio entero
    pierde su equilibrio,
    ¿no es mejor
    que se desmorone de una vez
    y halle la paz en sus escombros?

LACRIMOSAS — ¿Y qué hay si se desmorona
sobre tu propia cabeza,
desequilibrada?
ALMA — Entonces perdería
la cabeza,
¡pero qué alivio
perderla!
LACRIMOSAS — *(Para sí.)* Funesta,
loca...
ALMA — Si esta cabeza,
rodara al fin
lejos de mí,
con su frente afiebrada,
sus ojos insomnes,
sus visiones sangrientas,
entonces, mujeres,
descansaría
finalmente
en mis ruinas.
LACRIMOSAS — Es indigno de jóvenes
desear la muerte
sin dar su fruto al mundo.
(Pausa.)
ALMA — *(Siniestra.)* No,
no moriré
sin dar mi fruto.
LACRIMOSAS — ¿Cómo interpretar
esas palabras?
¿Son sensatas
o insensatas?
¿Debemos entonar
un canto fúnebre
por la que, avara,
se encierra en sí,
juntando sombras,
como un golfo de muerte?
¿O un cántico de gozo
por la que acepta
abrir su cuerpo
y recibir luz

    para darla?
ALMA — Contestaré,
  si me responden.
LACRIMOSAS — Pregunta.
ALMA — ¿Alguna mujer
  podría dar a luz
  su propio padre?
LACRIMOSAS — ¡Qué asco!
  ¡Qué idea repulsiva
  de una cabeza mortecina!
  ¡Descabellada!
ALMA — Entonces,
  si no puedo devolverlo a la luz
  seré su tumba gozosa.
  No,
  no abriré mi cuerpo
  a nada.
  No dejaré entrar luz
  adonde el padre,
  acurrucado en noche eterna,
  como un cachorro
  lame
  sus heridas mortales.
  Yo soy su perra guardiana.
  Si es de mujeres dar luz,
  también es quitarla.
  Si dar vida,
  guardar muerte.
LACRIMOSAS — No fue asunto de mujeres
  la muerte de tu padre.
  Fue de hombres.
ALMA — *(Sarcástica.)* Y también de mujeres.
LACRIMOSAS — ¿Qué quiere decir ésta?
  —No la escuchemos.
  —¿No fue herido tu padre en la batalla?
  —Allí no hay mujeres.
  —¿Qué sabemos nosotras de la guerra?
  —¿Más que de guerras nocturnas,
  y de amorosas batallas…?
ALMA — ¿No fue amorosa la batalla

en cuyos brazos halló la muerte
el padre?

LACRIMOSAS — Fue la guerra en que vivía,
la guerra que abrazó
y que amó
más que a la vida.

ALMA — Vida que le dio muerte.

LACRIMOSAS — Sí, la guerra mata.

ALMA — No hablamos de lo mismo.

LACRIMOSAS — No sabemos de qué hablas.

ALMA — ¿No lo saben ustedes,
y sí estas piedras,
que pronto gritarán?

LACRIMOSAS — Entonces callemos
y que hablen las piedras.
Es mejor
para mujeres,
el silencio.
O hablar de nada.
La mujer debe escuchar hacia adentro,
el murmullo de su cuerpo,
su lento madurar de fruta
hasta el tiempo propicio
en que opulenta
brinda su semilla
y cae a tierra
–la Madre Tierra–,
en sagrada disolución.
Dejemos el mundo a los varones.
Nosotras lo sostenemos.

ALMA — *(Pensativa.)* ¿Como madres que vigilan
el juego de sus niños?

LACRIMOSAS — Sí.

ALMA — ¿Y los miran retozar,
melancólicas,
sonrientes?

LACRIMOSAS — Sí.

ALMA — ¿Aunque sea un duro juego,
y hasta un juego mortal,
como la guerra?

LACRIMOSAS — Sí, estás comprendiendo.
ALMA — ¡Cómo quisiera
 que así hubiera sido!
 Seríamos iguales, compañeras.
 Pero aquí hubo otro juego,
 y no fue a la luz del día.
 Fue un juego secreto,
 obsceno,
 de gritos apagados,
 amordazados por la noche,
 un juego criminal.
(Breve pausa.)
 El padre debe ser vengado.
LACRIMOSAS — Sí, pero no por mujeres.
 Que los hombres
 venguen a los hombres.
 Que los muertos
 entierren a sus muertos.
 Cada uno a lo suyo.
 ¿Por qué llorar tanto,
 fastidiosa,
 por un hombre que halló su destino?
 Limpia tus lágrimas
 y busca el tuyo.
ALMA — ¿Mi destino?
LACRIMOSAS — Tu hombre, insensata.
 Las mujeres no tenemos "destino".
ALMA — Me estoy hartando.
LACRIMOSAS — También nosotras.
 ¿Por qué llorar tanto
 por un padre?
 Si hubiera sido tu prometido
 te entenderíamos,
 te acompañaríamos.
 Pero tu padre,
 ya estaba muerto para ti.
 ¿O acaso podía abrazarte
 en el secreto de la alcoba?
 ¡No son abrazos públicos,
 paternales,

los que engendran niños!
¡Llora por los hijos
que aún no criaste,
reseca,
y no por el padre
que nunca podía dártelos!
El varón que se fue
no era para ti.
Llora
por el que aún no ha llegado.
(Alma las mira estupefacta, y luego explota en ira.)
ALMA — ¡Qué abyectas,
sucias,
asquerosas y sucias
deslenguadas!
¡Fuera de aquí,
fuera!
(Las echa a pedradas. Las Lacrimosas huyen, gritando, por los escombros. Los últimos gritos de Alma se mezclan con las primeras exclamaciones de descubrimiento del Coro desde los montículos.)

Escena II

LACRIMOSAS — ¡Un varón!
¡Un hombre!
¡Un desconocido!
¡Un extraño!
¡Con un sablecito de latón
en su mano,
juega entre los escombros,
como un niño!
ALMA — ¿Quién es?
¿De quién están hablando?
(Pausa. Aparece Mariano, con ojos afiebrados, entre los escombros. Revuelo de las mujeres. El joven, que trae un sablecito de juguete en su mano, se acerca lentamente a Alma.)
MARIANO — Mon âme,
ma soeur,
j'ai rencontré

>   ce sabre en laiton,
>   quand j'étais petit, je jouais avec,
>   il était oxydé parmi les décombres,
>   et le passé tout entier
>   s'est écroulé sur moi,
>   démolisseur.
>   Je suis tombé à genoux,
>   aplati par le poids sacré
>   de l'enfance.

ALMA — *(Con extraña serenidad.)*
>   No te acerques,
>   extranjero,
>   no des pasos hacia mí
>   empuñando tu arma de latón.
>   No me amenaces
>   con simulacros infantiles,
>   porque tengo en mi cintura
>   un arma cierta,
>   con la que podría
>   más que amenazarte.

MARIANO — Ma soeur,
>   mon âme,
>   comme j'étais vide sans toi,
>   mon âme,
>   tellement incomplet!
>   Quel creux
>   dans l'ombre de mon corps!

ALMA — *(Desenvainando un cuchillo de su cintura.)*
>   No te acerques,
>   extranjero,
>   farfullando
>   bárbaros sonidos.

MARIANO — Je me croyais plein,
>   entier,
>   et j'étais seulement ma moitié!

ALMA — No te acerques,
>   espectro,
>   a la que frágilmente
>   sostiene su realidad.

MARIANO — Quelle marionnette agitée,

sans histoire,
j'ai été!

ALMA — ¡Y te digo
que hay que ser valiente
para sostener esta realidad!

MARIANO — Quel homme sans verité!
Quel furtif habitant
de ce qui n'est pas à soi!

ALMA — Sigue avanzando,
extranjero,
no te detengas.
Y si tienes sangre, espectro,
dala
a este cuchillo del padre,
sediento.

MARIANO — Même si je meurs,
mon âme
–car tu es trop vraie
pour tant de mensonge–…

ALMA — Si tu valentía, extranjero,
sólo consiste
en que no temes la muerte,
no te detengas.

MARIANO — … même en nous unissant
je te dévore,
et toi tu me dévores,
et mon corps
et son âme,
éclatent en morceaux,
ahora sí puedo decirlo
mi destino:
Alma,
hermana,
soy Mariano.

(Pausa.)

ALMA — ¿Cómo?

MARIANO — Alma,
soy Mariano.

(Larga pausa. Se devoran con la mirada, en vilo. Repentinamente, con un gesto inesperado, brusco y furioso, Alma

le tira una cuchillada. En instintivo ademán de defensa, Mariano alza la mano que sostiene el sablecito y es herido. El sablecito cae.)

LACRIMOSAS — ¡Oh!

(Pausa. Se miran. La mano de Mariano sangra. Por fin, Alma dejar caer el cuchillo e, impetuosa, salta hacia él, toma su mano y besa apasionadamente la herida.)

ALMA — ¡Tu sangre,
        tu sangre verdadera!

MARIANO — ¡Al fin,
          mi sangre!

ALMA — Tu sangre
        preciosa para mí.

MARIANO — Sobre las ruinas
          de la infancia.

ALMA — Sobre mí.

MARIANO — Sobre la tierra
          de los muertos.

ALMA — Sobre mí.

MARIANO — Sobre el sepulcro
          del padre.

ALMA — Sobre mí.

MARIANO — Por fin sale de mí,
          esta sangre
          que me ahogaba,
          por fin fluye de mi sueño
          y soy real.

ALMA — Tu sangre amada,
        avaro,
        que guardabas para ti,
        lejano.

MARIANO — Ya estoy aquí.

ALMA — ¡Que vuelva a la tierra,
        gota a gota,
        que fluya hacia mí!

(Pausa extática. El Coro, que ha seguido la escena paralizado de asombro, comienza a reaccionar.)

LACRIMOSAS — Niños,
        niños,
        niños…

¿Qué están haciendo?
¡Ese joven
se desangra!
¿Cómo desperdiciar de ese modo
material tan precioso?
¡Qué malgasto!
¡Socorramos
al hermoso
herido!
ALMA — *(Como si despertara.)* ¿Herido?
LACRIMOSAS — ¿No lo ves?
(Alma ve la herida.)
ALMA — *(Espantada.)* ¿Quién te hizo esto,
Mariano?
LACRIMOSAS — *(Sordamente.)* Loca rematada.
ALMA — *(Incorporándose.)* ¡Una venda, mujeres,
un pañuelo,
algo que detenga
esta sangría!

(Agitación entre las mujeres. Una de ellas rasga un pañuelo, con el que Alma venda a Mariano. NOTA: De aquí en más, Mariano llevará siempre esta venda enrojecida de sangre.)

LACRIMOSAS — La herida ya está vendada.
Seamos ahora discretas.
Que sin testigos
reconozca la sangre
a la sangre.
El hermano viajero
que ha vuelto de lejanas tierras,
y la hermana inmóvil
que ha estado esperando.

(Simulan salir, pero quedan en las inmediaciones, espiando. Pausa.)

ALMA — Mariano,
hijo,
hermano,
padre,
déjame verte.
MARIANO — Alma,
hija,

       hermana,
       madre,
       déjame contemplarte.
LACRIMOSAS — *(Sordamente.)* La locura es de familia.
ALMA — ¿Debo mirar a lo alto?
MARIANO — ¿Debo bajar la mirada?
ALMA — Hay violencia en mis ojos,
       porque dentro de mí eres uno,
       frágilmente pequeño,
       y otro frente a mí,
       sólido y esbelto.
LACRIMOSAS — No hay duda
       de que el joven es apuesto.
MARIANO — Y yo a la mayor
       y luminosa,
       a la que alzaba, asombrados,
       mis ojos,
       ¿cómo verla ahora
       más pequeña,
       arrinconada
       y sombría?
LACRIMOSAS — La consume la furia
       y la amargura.
ALMA — Hermano
       que ocupas la luz y el aire
       del hermano,
       ¿cómo pudo salir
       de un niño enclenque
       un mozo tan plantado
       y varonil?
MARIANO — Hermana en sombras,
       ¿cómo saliste,
       elevada,
       de tu luz
       y te aniñaste,
       oscura y reducida?
ALMA — El tiempo, infatigable,
       estiró tus dimensiones.
MARIANO — ¿Quién devoró tus alturas,
       estrujada víctima del tiempo?

ALMA — ¿Vienes acaso
    a restablecer la medida?
MARIANO — Porque vengo,
    lo desmedido se allana.
ALMA — ¿Estaba tan cerca la verdad?
MARIANO — Con sólo venir
    se acaba la mentira.
ALMA — ¡Entonces bienvenido,
    bendito aniquilador
    de la injusticia!
LACRIMOSAS — ¡Bienvenido,
    hijo, hermano y padre
    de la paz!
    ¡Bienvenido!
MARIANO — ¡Ahora estalla la verdad!
    ¡Ahora se acaban
    el temblor y la fiebre!
    Toda pasión se ahoga en ti,
    agua de provincia.
    Niña,
    recupero en tus ojos la calma.
ALMA — Pero no hay calma.
MARIANO — Ahora regresa todo
    al seno inmóvil de la infancia.
ALMA — ¿Por qué me amenazas
    con la infancia,
    extranjero?
    Acá no hay niños.
MARIANO — Pero hubo...
ALMA — Hace tiempo,
    ya no los recuerdo.
MARIANO — Deja venir a nosotros
    los niños,
    hermana,
    con la paz y la inocencia
    de sus juegos.
ALMA — Pero no hay paz.
    Ni hubo nunca inocencia
    en los juegos.
    No hubo rondas,

ni payanas,
ni escondidas,
ni muñecas.

MARIANO — Yo era tu muñeca,
tu hijo.
Me vestías
y me desvestías.
¿No recuerdas?
Me sumergías
–tú y la madre–
en la tinaja para el baño.
¿No recuerdas?

ALMA — ¡Qué extraños recuerdos!
¿Cómo puede un mozo…?
No, extranjero, no recuerdo.

(Mariano recoge el sablecito.)

MARIANO — Mira este fragmento de la infancia,
este resto del naufragio.
¿No es un misterio
y un signo
que el mar que lo arrastró
lo devuelva a la misma playa
a la que he vuelto?

ALMA — Eso demuestra
que éramos niños
apenas.
Sí, lo recuerdo.
Nuestro juego era la guerra.
Con este sable
desarmabas asechanzas;
incontables ejércitos
sometías a tu orden.
Yo era tu tropa, Mariano.
Porque el juego
es el destino de los niños.
Ya marciales,
aprendíamos así
lo que enseñaba
el padre.
El dominio de la estirpe

          por la lanza;
          la facilidad
          con que sabemos
          matar
          y morir.
(Breve pausa.)
          Yo, la fiel,
          juego ahora este juego.
(Recoge el cuchillo del suelo.)
          ¿Lo recuerdas?
          Con la realidad de este cuchillo
          abrió el padre de un tajo
          el mundo en que vivimos.
MARIANO — Fiel a tu condición,
          usas lo real para tus juegos.
ALMA — Y tú, Mariano, sigues creyendo
          que tus juegos son reales.
MARIANO — Este sable de latón,
          ya oxidado,
          hizo gran mortandad, es cierto,
          pero sólo derramó
          sangre de sueño.
ALMA — Pero este cuchillo de carnicero,
          empuñado por el padre,
          vertió a mares sangre viva,
          hasta que su propia sangre…
MARIANO — *(Interrumpiéndola.)*
          ¿Y qué dirías, hermana, si te digo
          que en los años del destierro
          aprendí también la valentía
          de empuñar un sable de latón?
(Breve pausa.)
ALMA — Diría, extranjero, que el tiempo
          convierte la inocencia en cobardía.
          ¿Pero me escucharás?
          ¿O ni siquiera para escuchar
          alcanza ya tu valentía?
(Breve pausa.)
MARIANO — Habla.
(Las Lacrimosas se revuelven, inquietas.)

LACRIMOSAS — Es mejor que demos aviso.
Cuando la furiosa empieza
no se sabe
donde puede terminar.
ALMA — Dime, francés,
el último hálito
del padre al morir,
que atravesó las aguas,
¿qué murmuró?
¿Hay palabras que diferencien,
en tu idioma,
el crimen de la muerte?
MARIANO — Toda muerte es criminal.
ALMA — Seré más clara:
¿murió o lo asesinaron?
MARIANO — Toda muerte asesina
a quien vale más que ella.
ALMA — ¿Estás ciego?
MARIANO — No, deslumbrado
por el alba incandescente
de la infancia.
ALMA — ¡No quieres ver!
MARIANO — ¿Por qué no?
Si veo lo que quiero.

Escena III

Irrumpe María, la madre, exuberante. La siguen Dalmacio y el Coro de Galerudos, que quedan a unos metros, circunspectos.
MARÍA — ¡Mariano!
¡Hijito!
¿Es cierto?
MARIANO — ¡Madre!
(Se arroja a los pies de ella y abraza sus rodillas. Ella aprieta fuerte su cabeza contra su seno. Ríe voluptuosamente.)
MARÍA — Hijito, sí,
dentro de mí,
así,
en mi seno.

Respira hondo,
sí,
respira fuerte
el olor de la madre.
¿Cuánto hace?
¡Veinte años!
¡Y tenía cinco!
Lo arrancaron de mis brazos,
¡y era un niño!
Y ahora vuelve, mujeres,
¡y es un mozo!
(Hunde las manos en su pelo, sensualmente.)
¡Qué pelo negro!
¡Rizado!
¡Pero no vi
tu rostro!
(Le alza el rostro. Ríe.)
¡Lampiño!
¡Y qué ojos renegridos!
¡Lustrosos!

ALMA — *(Para sí, amarga.)*
Desvergonzada.

MARÍA — De oscuro potro.

ALMA — Yegua alzada,
ve un potrillo y se estremece
y ventea el aire.

MARÍA — Amo tus ojos
de asesino…

(Breve pausa.)
¡Una silla, mujeres!
¡Quiero sentirlo
en mi regazo!

MARIANO — Madre, no.

MARÍA — ¡Se avergüenza!
¡Y todavía le cuelga
una gota de leche de los labios!

(Se ríe. Unas mujeres traen una silla.)

MARÍA — ¡Ven!
¡Por última vez
tu peso
en mi regazo!

MARIANO — Madre...
DALMACIO — Señora...
ALMA — Yegua lozana.
GALERUDOS — ¡Ejem, ejem!
(María se sienta y obliga a Mariano a hacerlo en su regazo. La Mujer del Prólogo queda detrás de Mariano, acariciándole los cabellos.)
MARÍA — *(A la Mujer, irritada.)*
 ¿Qué estás haciendo?
 ¡Aléjate,
 es mío!
MUJER — Hoy es tuyo, madre.
 ¿Quién va a quitártelo?
 Ahora, Mariano,
 serás entregado a la noche.
 Y yo no vendré
 hasta la mañana.
MARÍA — Está bien,
 apártate.
DALMACIO — Son demasiadas mujeres
 para un solo hombre.
 Un poco de pudor, señoras,
 no apabullen al joven.
(La Mujer ha desaparecido.)
MARÍA — Así, todo mío.
 Todo tu peso
 sobre mí.
(Se ríe voluptuosamente.)
 ¡Pero qué muslos calientes,
 mozalbete!
MARIANO — Señora...
MARÍA — ¡Señora,
 le dice a su madre!
(Se ríe, acompañada por las Lacrimosas.)
ALMA — *(Con secreta admiración.)*
 Cómo ama la carne...
 Cualquier sangre caliente
 la embriaga.
MARÍA — ¿Qué estás murmurando,
 amargada?

ALMA — Nada,
    tengo los labios sellados.
DALMACIO — Por favor, señora,
    suelte al mozo.
MARÍA — ¿Ya? ¿Tan pronto?
    ¿Qué apuro hay?
(Abrazando apasionadamente a Mariano.)
    ¿Por qué siempre
    te arrancan de mí?
    Mujeres,
    ¿por qué los hombres me lo arrancan?
LACRIMOSAS — Goza de tu hijo
    sin pudor
    y sin prisa,
    madre,
    demora su partida,
    nosotras te ocultamos.
(Hacen un semicírculo alrededor de ellos.)
MARÍA — Ahora,
    Mariano,
    por última vez
    y para siempre,
    duérmete en mí,
    duérmete, niño.
LACRIMOSAS — Duerme, Mariano,
    vuelve al seno eterno
    de la madre.
ALMA — Despierta, Mariano.
MARÍA — Que un instante
    eterno
    se prolongue mi calor
    en ti,
    antes, que tu propio calor
    rechace el mío
    y te separes para siempre,
    buscando eternamente
    enfriarte.
    Deja que seamos
    un solo y tibio cuerpo,
    antes que te trague,

> sin devolverte ya nunca,
> un universo de frío.

LACRIMOSAS — Duerme, Mariano,
> vuelve al seno eterno
> de la madre.

ALMA — Despierta, Mariano.

DALMACIO — ¡Basta, mujeres!
> Esto no es digno,
> aquí hay hombres.
> ¡Arriba, mozo!

(Mariano se levanta de un salto.)

MARIANO — Perdón, señor.

(Las mujeres rompen el semicírculo. María toma de la mano a Mariano y lo tira hacia sí.)

MARÍA — ¡De ningún modo!

(Advierte su mano vendada. Con ligereza:)
> Estás herido.
> ¿Por qué los hombres tienen el placer
> de herirse?
> Pero ven,
> aún no terminé de encontrarte.
> Y tú, Dalmacio,
> no te entrometas.
> No muestras tú
> el mismo empeño
> en apartarte
> cuando te tengo en mi regazo.

GALERUDOS — ¡Ejem, ejem!

DALMACIO — *(Alejándose unos pasos.)*
> No se puede
> combatir con las mujeres
> en su campo.

ALMA — Con tal de sentir un hombre
> entre sus piernas,
> hasta en su propio hijo
> echa la mano.

MARÍA — Basta, idiota,
> de mascullar
> contra tu madre.
> Ven tú también,

míralo,
es tu hermano,
atrévete a tocarlo.
(Abre la camisa de Mariano y le acaricia el pecho.)
Este pecho liso...
(Pasa sus labios por él.)
El perfume de su piel
tirante...
(Mariano se remueve, intentando levantarse.)
Quieto,
potrillo arisco.
Ya saldrás del corral
y podrás
corretear por los campos
sin freno.
(Pasa su mejilla por su pecho.)
¡Cómo embriaga tu perfume,
potrillo arisco!
Ven, mi Alma,
toca la vida.
Porque estaba lejos
y volvió,
estaba muerto
y resucitó,
y está vivo
y es bello.
Huele, mi Alma,
el perfume de la vida.
¿Recuerdas, querida,
cuando me ayudabas a bañarlo
en la tinaja?
(Los Galerudos golpean las galeras, confundidos y molestos.)
DALMACIO — Señora,
se lo ruego...
MARÍA — *(A Alma.)*
Ven, oscura,
me das pena,
siempre en sombras de muerte,
y la vida es este brillo mate,
fugaz,

que se acaba.
Un instante lo ves,
lo estás viendo,
y otro,
distraes la mirada,
y se apaga
para siempre.
No dejes que se escape
el instante.
¿Recuerdas la tinaja?
¿Cómo saltaba
el cervatillo,
lustroso de jabón?
ALMA — Se nos resbalaba.
MARÍA — ¡Sí, y terminábamos
empapadas
las dos!
ALMA — Y luego,
el pelo húmedo...
MARÍA — Borrachito de sueño,
envuelto en la nube
de su camisón...
ALMA — Lo sumergíamos en las sábanas
más crujientes y blancas...
MARÍA — Y acostado entre las dos
lo acariciábamos
hasta que se dormía.
¿Te gustaba, mi Alma,
ser también su madre?
¿Compartir al menos esa cama
conmigo?
ALMA — Sí...
MARÍA — ¿Ves?
Siempre te di
el lugar que podía darte.
ALMA — Si no fuera, madre,
por lo que me quitaste...
MARÍA — ¿Qué vuelves a pensar?
¿Otra vez sombría?
Ahuyenta la muerte,

        esa perra hedionda
        y vieja.
        ¡Recuerda la vida!
        ¡Recuerda al cervatillo
        en la tinaja,
        lustroso de jabón!
ALMA — *(Más triste.)* Se nos resbalaba.
MARÍA — ¡Y terminábamos
        empapadas
        las dos!
ALMA — Era salvaje,
        arisco.
MARÍA — ¡Como un cervatillo
        recién cazado
        en el monte!
ALMA — Movedizo
        y audaz.
MARÍA — Magro de carnes,
        elástico.
ALMA — Terco
        y orgulloso.
MARÍA — ¿Recuerdas cuando lo viste
        por primera vez
        desnudo?
        No salías de tu asombro.
        ¿Cómo?
        ¿El mundo no era liso?
        ¿Había otro?
        ¿Distinto y puntiagudo?
ALMA — *(Sonriendo.)*
        Desvergonzada.
(Mariano ha logrado zafar de la madre y se aleja de ella hacia los hombres.)
MARÍA — Era nuestro,
        y mira ahora al peregrino
        cómo se aleja,
        desconfiado,
        de nosotras,
        y con qué indecencia
        nos confiaba entonces

su cuerpo
en la tinaja,
su orgulloso brotecito.

ALMA — Ese brote ya será rama.

MARÍA — Tronco lustroso.

ALMA — Blasón de hombres.

MARÍA — Esperanza de las damas.

(Estallan en carcajadas, acompañadas por el Coro de Lacrimosas y el murmullo indignado de los Galerudos. Dalmacio recoge un trozo de madera de entre los escombros y lo empuña amenazante.)

DALMACIO — ¡Señoras,
es el colmo!
¿Debo usar el palo?

(Las mujeres lo miran un instante en silencio y luego estallan en carcajadas más impúdicas aun, junto con el Coro de Lacrimosas.)

DALMACIO — ¡Par Dieu,
señoras!
Terminemos esta indecente comedia.
¡A la cocina,
a preparar el agasajo
al recién llegado!
Ya es hora de seriedad
y hay temas graves
a tratar
sólo entre hombres.

MARÍA
Y ALMA — Sí, vamos, vamos,
antes que el señor
use el palo
con nosotras.

(Se van a las carcajadas, empujándose una a la otra, y acompañadas por el regocijado Coro de Lacrimosas.)

LACRIMOSAS — ¡Gracias al extranjero
renacieron la concordia
y la alegría
en esta casa!

Escena IV

DALMACIO — *(A los Galerudos.)*
    Ya podemos sentarnos,
    ciudadanos.
(Los Galerudos arman un semicírculo de sillas rígidas y se sientan; en el medio, en dos sillas enfrentadas se ubican Mariano y Dalmacio.)
GALERUDOS — ¡Qué mal rato!
    ¡Qué dirá nuestro joven,
    culto y ajeno,
    de estas criollas
    desfachatadas!
DALMACIO — Debes perdonar a tu madre,
    Mariano.
MARIANO — Oui, mon père.
DALMACIO — ¿Cómo, sobrino?
MARIANO — ¿No debo llamarte padre?
(Dalmacio se levanta de un salto.)
DALMACIO — ¡Yo amaba a tu padre!
MARIANO — ¿Tanto como a mi madre?
DALMACIO — Sobrino,
    hijo,
    Mariano,
    fue un paso necesario.
    Cuando la batalla
    hincó sus dientes
    en la carne de tu padre, mi hermano,
    y rabiosa,
    como un perro que no suelta
    su presa,
    lo siguió
    hasta su propia casa,
    donde él se arrastró
    para morir
    –porque así de cruenta y larga
    fue su pelea
    por vivir–,
    cuando eso ocurrió
    temblaron

       los cimientos de la patria.
       El estupor y la agonía de la tierra
       y la soberbia enemiga
       fueron tales,
       tan feroz la anarquía,
       que hizo falta
       que lo abierto en la carne,
       en la carne se cerrara.
       Esto que ves
       fue cicatriz,
       no casamiento.
       En fin,
       que la familia,
       para ser,
       debió estrechar sus filas.
MARIANO — ¡Y tan estrecho fue el abrazo,
       que te hizo
       al mismo tiempo
       padre y tío!
       Pero seas quien seas te digo
       que no temas de mí.
DALMACIO — No temo.
GALERUDOS — Cicatriz,
       no casamiento.
MARIANO — No he venido
       del otro lado del océano
       como un buitre
       a picotear sobre cadáveres.
       Si fue el olor a muerte
       el que me trajo,
       no fue para alimentarme de ella.
       El cansancio y la tristeza
       enturbian mis palabras,
       pero no vine a juzgar.
DALMACIO — Ni a ser juzgado, entonces.
       La prudencia en un joven
       admira.
       ¿Y tus planes, sobrino?
       ¿Qué ambiciones
       anidan en tu pecho generoso?

MARIANO — Dormir, tío.
DALMACIO — ¡Pero, hijo…!
MARIANO — Desde que en la Francia
   llegó a mí
   la terrible noticia,
   un insomnio inmenso como el padre
   durmió en mí,
   hasta el punto
   que cuando supongo dormir
   estoy despierto,
   y cuando me creo despierto
   sueño.
DALMACIO — No te inquietes,
   sobrino,
   que en la provincia
   bostezarán tus nervios,
   y las mujeres
   prepararán para ti
   la más blanda cama,
   las almohadas de plumas más leves,
   las sábanas más crujientes y blancas,
   y dormirás.
MARIANO — ¿Y cuando despierte
   hallaré mi casa verdadera
   o seguiré viendo
   esta absurda construcción?
DALMACIO — ¿Ah, esto…?
GALERUDOS — En la provincia bostezarán
   tus nervios.
DALMACIO — Quise alzar un edificio a la razón,
   un templo
   donde Grecia y Roma
   cohabitaran,
   en esta tierra
   inculta y primitiva.
MARIANO — ¿Y qué pasó, tío?
DALMACIO — Me engañó el astuto arquitecto.
   Dijo conocer
   las leyes de la simetría
   y el orden perfecto,

        pero su ciencia fue la confusión.
        Lo hice degollar,
        como tributo a la razón.
MARIANO — Quel barbare!
DALMACIO — Bárbaro hubiera sido
        perdonarle la vida.
MARIANO — ¿Y qué tenías contra la vieja casa, tío?
DALMACIO — Españolada antigua.
        ¿Cómo habitar entre esos muros
        que no eran sino
        la ignorancia y el error
        endurecidos por los siglos?
        Si ellos caían,
        se desplomaba la costumbre.
MARIANO — No pensaba lo mismo
        mi padre.
DALMACIO — Debo admitir que lo contrario.
GALERUDOS — ¿Cómo habitar entre esos muros?
DALMACIO — Pero era preciso
        que todo cambiara.
        Con el viejo Caudillo
        la guerra era señora
        de tierras y de almas.
        La industria agonizaba,
        la ciencia estaba muerta.
MARIANO — Pero pasando
        sólo he visto
        campos asolados por la guerra.
DALMACIO — Sí, aún hay guerra,
        pero todo es distinto.
        Antes se combatía en las sementeras,
        hoy se siembra
        en el campo de batalla.
MARIANO — ¿Y cuál es la diferencia?
DALMACIO — Que antes había paz en la guerra
        y ahora hay guerra en la paz.
MARIANO — Me es oscuro.
DALMACIO — También lo era
        para tu padre,

mi amado hermano en el error.
Pero allí estaba yo,
pequeña llama,
en la noche del Caudillo.
Hijo,
debes saber algo.
Fui yo,
quien para perpetuar
lo que en mí había nacido
–el ansia de iluminación–,
insté a tu padre
te enviara
a la fuente de la luz,
a la Francia.

MARIANO — ¿Conocías tú la France,
mon oncle?

DALMACIO — Sólo en espíritu
–y tú la has visto
cara a cara–.
Yo en espíritu,
pero tan intensamente
que no me engaño
si digo
que además de criollo
soy francés,
mon fils.

MARIANO — ¿Entonces eres mi padre espiritual?

DALMACIO — Tú lo has dicho.

MARIANO — ¿Pero no sabes acaso
que el destino
de todo hijo
es matar a su padre?

DALMACIO — ¿Cómo sobrino?

MARIANO — No en stricto sensu, tío.
Quiero decir que vamos
por caminos enfrentados
y si me enviaste
a la Francia
para perpetuar tu pensamiento,
el que la Francia me imbuyó
se contradice con el tuyo.

DALMACIO — ¿Por qué, sobrino?
MARIANO — Esos muros que abatiste
de la patria,
esos siglos que buscaste
derogar,
son la savia
y la raíz
del tiempo nuevo.
Cuanto más lejos vaya
lo oculto del árbol
en la tierra de la historia,
más frondoso será lo visible
y el fruto más sazonado.
DALMACIO — ¿Eso dice hoy
la Francia?
¡Pero es la barbarie
que vuelve!
Habrás entendido mal,
sobrino.
GALERUDOS — Mal sobrino.
DALMACIO — Dime,
en estos años,
¿qué actividad,
qué industria,
qué ciencia
te desveló?
¿Qué estudiaste?
¿Qué has sido?
MARIANO — Poeta.
DALMACIO — Ah.
Bien.
La poesía es la madre
de todas las industrias
y las ciencias.
Yo también,
más que gobierno,
por sucesión infausta de mi hermano,
tu padre,
moi aussi,
je suis poète.

GALERUDOS — Moi aussi,
    je suis poète.
DALMACIO — ¿Y qué escribe hoy
    la Francia?
MARIANO — "Eclaircis ma parole, éclaire Dieu ma brume;
    De ton rêve remplis le sang chaud de ma plume."
DALMACIO — Extraño y mórbido
    poema.
    ¿Y ya no escribe Francia:
    "Des Dieux les plus sacrés j'invoquerai le nom:
    Mercure l'industrieux, l'auguste Apollon"?
MARIANO — Qué anticuado y gélido
    poeta.
DALMACIO — Sobrino,
    el verso es mío.
MARIANO — Lo siento, señor.
DALMACIO — Y supongo que aquel
    era tuyo.
MARIANO — Así es, tío.
DALMACIO — Y dime,
    ¿es la única brume
    exhalada por tu plume,
    o hay otras?
MARIANO — "Cuando es la luna sepultura,
    ¿cómo ocultar al muerto en noche oscura"?
GALERUDOS — ¿Por qué la luna,
    tan prosaica,
    y no Selene?
    Además,
    ¿a qué viene
    tanto misterio
    y gusto por la muerte?
DALMACIO — *(Poniéndose de pie de un salto, inflamado.)*
    "¡Ya Faetón se alza y sus corceles
    espantan toda sombra con sus chispas
    y pintan luces tales, que ni Apeles!"
(Los Galerudos también se incorporan y demuestran su aprobación golpeando las galeras con sus nudillos.)
GALERUDOS — ¡Qué excelente terceto!
    ¡Irradia luz

　　　　al mundo entero!
　　　　¡Entusiasma
　　　　y enceguece!
MARIANO — "¿Quién soy? ¿Cuál es mi pálido destino?
　　　　¿Qué hay de incierto en el fin de mi camino?"
GALERUDOS — ¿Por qué tantas preguntas?
　　　　¿No hay ya
　　　　suficientes enigmas?
　　　　Quien duda tanto
　　　　no puede ser
　　　　un buen poeta.

Escena V

Irrumpen en regocijado tropel Alma, María y las Lacrimosas. Las dos primeras llevan una corona de laureles, alzada entre ambas.

ALMA,
MARÍA
Y LACRIMOSAS — Basta, basta,
　　　　es claro el vencedor.
　　　　Nosotras las hermanas,
　　　　madres,
　　　　musas,
　　　　le otorgamos
　　　　la victoria.

(Alma y María suspenden sobre la cabeza de Mariano la corona de laureles.)

ALMA
Y MARÍA — Nosotras
　　　　tejimos para ti
　　　　esta corona de laureles,
　　　　porque has venido,
　　　　porque has vencido
　　　　al mar,
　　　　y los caminos
　　　　y la muerte.
ALMA, MARÍA
Y LACRIMOSAS — Es claro

el vencedor.
Nosotras las hermanas,
madres,
musas,
damos nuestro fallo:
le otorgamos
la victoria
y coronamos
su cabeza
de laureles.
(Alma y María coronan a Mariano.)
DALMACIO — *(Meneando la cabeza.)*
Mujeres, mujeres.
TODAS — Gloria al hermano perdido,
gloria al hijo hallado,
al peregrino,
al extranjero,
a nuestro héroe,
gloria.

TELÓN

ACTO 2º

Escena I

Aposento de Mariano, que tiene las mismas características que el resto de la casa: mezcla de obra en construcción y demolición. Mariano, reclinado sobre su cama, juega con la corona de laureles en sus manos.

MARIANO — *(Canturrea.)*
"Cuando es la luna sepultura,
¿cómo ocultar al muerto en noche oscura?"
(Irónicamente.)
Basta, poeta,
¿ni siquiera la victoria
te permite descansar?
Duérmete, niño.
La luna acaba de asomar,
la noche es larga.
Deja que el sueño
te murmure sus secretos.

(Alma ha entrado sigilosamente y lo contempla. A partir de este momento, los rostros misteriosos y blancos de las Lacrimosas van asomando, uno a uno, por todos lados: de detrás de algún arcón, de lo alto de un muro semiderruido y aun de debajo de la cama.)

ALMA — ¿Por qué te quitaste
los laureles,
héroe?

(Mariano la mira sonriente, sin moverse de su lugar.)

MARIANO — Lune, lune
¿comment es-tu entrée,
si furtivement,
pour découvrir
les secrets de mon lit?

ALMA — No hables así,
quiero entenderte.

MARIANO — Te esperaba,
    luna furtiva,
    mi alma.
    Necesitaba
    tu luz extraña
    y tu cuerpo frío,
    temblorosa.

(Alma corre hacia él; se abrazan sentados en la cama y se acarician. Alma recoge la corona.)

ALMA — Ponte la corona.
    Quiero verte siempre
    así.

(Ella se la coloca, suavemente.)

    Tus cabellos,
    ¡cómo deseaba
    acariciártelos!
    Qué finos
    y rizados.
    Tan renegridos.
    Tus bucles
    son la infancia
    de la noche.
    Si la hubieras visto…

MARIANO — ¿A quién?

ALMA — ¿Te acarició así?
    No,
    ella hundió sus dedos ávidos
    en tu pelo.
    Si la hubieras visto,
    cuando tejíamos
    la corona,
    cómo se burlaba de ti.

MARIANO — ¿La madre?
    ¿Se burlaba?

ALMA — Sí, de todo.
    De tus ropas.
    Decía que eran extravagantes,
    que se usarían en Francia,
    pero que aquí…

MARIANO — Siempre fue burlona.

ALMA — ¿Y por qué te vistes así?
MARIANO — ¿Cómo?
ALMA — De este modo…
    extravagante.
MARIANO — Es a la moda de Francia,
    es normal.
ALMA — No parece muy viril.
MARIANO — ¿No te gusta,
    mi Alma?
ALMA — Sí, sí…
    También decía que eras lampiño,
    y se reía de ti.
MARIANO — ¿Se reía?
ALMA — Sí,
    decía que un solo pelo
    de la barba del padre
    bastaría para cubrirte.

(Se ríe.)

    ¡Qué zumbona!
    ¿Recuerdas, Mariano,
    la barba
    de nuestro padre?
    Como un río salvaje
    desde una montaña,
    bajaba de su testa
    y le inundaba el pecho,
    espesa y enrulada.
MARIANO — Sí, la recuerdo.
    No sé qué me asustaba más.
    Si sus ojos feroces,
    relámpagos
    en la noche,
    o su barba,
    que al inclinarse sobre mí
    se abatía
    como una tormenta.
    Esa barba
    tapaba la luz del día
    con su sombra
    macabra.

ALMA — Pero era sedosa
        cuando me tenía en sus rodillas,
        y yo hundía mi mano pequeña
        en su vellón,
        y me perdía,
        niña en su espesura.
(La crispa un dolor repentino.)
        ¡Ay, Mariano,
        qué visiones de espanto
        guarda
        tu pobre hermana!
        ¡Esos hilos tan suaves,
        pegoteados de sangre negra,
        encharcados en…!
        ¡No puedo respirar!
MARIANO — ¡Cálmate…!
ALMA — ¡Tú no has visto
        ese cuerpo abierto
        a cuchilladas!
        ¡Esas bocas obscenas,
        rojas,
        besando mortalmente
        su carne blanca,
        inocente!
        ¡Qué carnal
        es la muerte,
        hermano!
        El cuerpo está ahí,
        nada lo oculta:
        ningún gesto,
        ni brillo,
        ni palabra…
        Y una descubre
        que lo que amaba
        no era ese cuerpo,
        sí el movimiento
        que lo ocultaba.
        Ahí está el cuerpo,
        en su abierta desnudez.
        Yo lo estoy viendo,
        siempre lo veo.

MARIANO — ¡Cálmate!
Vas a estallar
de pena.
ALMA — Ay, padre...
Ay, madre...
Ay, padre y madre...
MARIANO — ¿No aprendiste a soportar
los horrores de la guerra?
(Ella se aparta de él, salvaje.)
ALMA — ¿La guerra?
¿La guerra?
¿Cómo podía hacerle eso
la guerra
a quien era su dueño?
¡El padre
jugaba con la guerra!
¡Era el cachorro
de sus diversiones,
la niña de sus ojos!
¡La guerra lamía sus plantas,
mordía sus talones,
arañaba sus rodillas!
Quien pudo
acribillarlo así,
odiarlo tanto,
no fue la guerra,
hermano.
MARIANO — ¿Cómo?
LACRIMOSAS — Ya todo empieza.
¿Cómo impedirlo,
en mitad de la noche,
todos dormidos?
Hicimos lo nuestro,
más no podemos.
ALMA — ¿Recuerdas que el padre
siempre estaba regresando?
MARIANO — Sí,
volvía de la guerra
como de cazar,
y a cambio de animales abatidos,

          traía pólvora en su piel,
          sangre reseca.
ALMA — Su última noche
          también
          regresó de la batalla
          victorioso.
          Apremiado por llegar,
          dejando atrás su ejército
          se adelantó
          con su partida de hombres fieles
          y Dalmacio.
          Entre los trofeos
          declaró
          un par de heridas leves.
          Estos son
          los fríos hechos.
          Pero esa misma noche,
          apremiado por ir
          yo no sé a qué batalla
          y obtener qué triunfo
          o festejarlo,
          se internó en su cama
          con su enemiga
          –digo, la muerte–,
          y la noche que lo engulló
          vivo
          lo vomitó cadáver
          cuando amanecía.
          Su compañera de lecho
          atronó de alaridos
          la casa.
          Acusaba al pobre mudo
          de haber ocultado,
          por orgullo,
          otras heridas,
          graves, secretas, fatales.
          El mudo no pudo hablar
          en su descargo,
          pero había bocas
          –y tantas, ay–

>   que sí gritaron
>   en su cuerpo mudo,
>   y luego
>   hubo más gritos,
>   clamores de júbilo
>   de una boda obscena,
>   y por si necesitas
>   mayores gritos aun,
>   gritó la luz
>   cuando acogió con desparpajo
>   un casamiento ya consumado
>   en las tinieblas.

MARIANO — ¿Por qué suena oscuro y terrible
>   todo eso?
>   ¿Por qué no aclaras
>   qué estás diciendo?

ALMA — Que él y ella lo mataron.

MARIANO — ¿Quiénes?

(Breve pausa.)

>   ¿Qué insinúas?
>   ¿Qué dices?

(Breve pausa.)

>   ¿Yo qué entiendo?
>   ¡Qué burlona!
>   ¿No es posible,
>   hermana,
>   que apartes esto de mí?

(Breve pausa.)

>   Luna, ¿eras tan fría?
>   ¡Me estoy helando!
>   ¡Me ahogo de frío,
>   Alma,
>   no puedo respirar!

ALMA — Sufre,
>   como yo he sufrido.
>   Son
>   los fríos hechos.

MARIANO — Acúname,
>   ten piedad.
>   No vine aquí a...

No vine aquí.
No estoy.
Este no soy yo,
estas no son mis manos.

ALMA — Cálmate.

MARIANO — *(Mirando su mano herida.)*
Hermana,
¡qué feroz cuchillada!

ALMA — Ya sanará.

MARIANO — Debo irme.

ALMA — ¿Qué estás haciendo?

MARIANO — Nunca debí llegar.
No he llegado
y ya parto.

ALMA — ¿Quieres huir?

MARIANO — Je suis étranger!

ALMA — ¡No hables así,
cobarde!

(Le pega una bofetada. Silencio.)

MARIANO — ¿Por qué me golpeas?
¿Qué quieres de mí?

ALMA — ¡Que cumplas tu deber!

MARIANO — ¿Cuál?

ALMA — ¿No lo sabes?

MARIANO — Tú, dilo.

ALMA — ¿No me crees capaz?

MARIANO — Sí.

(Breve pausa.)

ALMA — Empuña tu puñal,
Mariano,
tú eres hombre.
Ríndete
al placer de entrar
desgarrando
en otra carne.

(Aúlla.)
¡Mata a Dalmacio,
y a la perra en celo!

MARIANO — ¿A Dalmacio?
¿Cómo puede un niño?

ALMA — ¿Qué niño?
>No me des asco.
>Los niños
>fueron asesinados.

MARIANO — ¿Levantar contra él
>el cuchillo criminal,
>hundirlo en su pecho despectivo?

ALMA — Sí, hasta el mango
>en el centro de su nombre,
>hasta alcanzar su alma orgullosa,
>y matarla ahí,
>donde la tiene aprisionada.
>Libérame, Mariano,
>de la cárcel de ese hombre detestado.

(Pausa.)

MARIANO — No,
>tú no comprendes.
>¿Quién soy yo?
>Allá en la Francia
>era uno,
>aquí otro.
>En tierras bárbaras,
>extranjeras,
>me sentí viril,
>lleno, soberbio.
>Y era sólo
>un cuerpo,
>desalmado.
>Mírame ahora,
>sacudido
>por ti,
>por todo.
>Cada brisa
>trae su recuerdo.
>Soy la hoja
>que tiembla,
>brote de la infancia
>asido apenas
>a un frágil tallo
>de memoria.

　　　　　Cuidado, vendaval,
　　　　　no me arranques
　　　　　y caiga.
ALMA — No esperé a un niño tembloroso,
　　　　　esperé con ardor al extranjero,
　　　　　al barbado,
　　　　　al bárbaro endurecido,
　　　　　quemado de soles,
　　　　　llagado de salitre.
　　　　　¿Y soy yo, qué ironía,
　　　　　la que, ya endurecida,
　　　　　ablanda al macho?
　　　　　¡Escupo sobre ese niño!
　　　　　¡Escupo sobre la infancia!
MARIANO — Cuidado, vendaval,
　　　　　no me arranques
　　　　　y caiga.
LACRIMOSAS — ¿A ella qué le pasa?
　　　　　¡Cómo engorda
　　　　　la reseca!
　　　　　¡Cómo se pone a brillar
　　　　　la sombría!
　　　　　¡Cómo, astuta y femenina,
　　　　　en torno a sí
　　　　　bruñe su carne!
　　　　　¡Algo se trae
　　　　　entre manos!
ALMA — Mira, Mariano,
　　　　　ya no soy
　　　　　la niña escuálida,
　　　　　huesuda y magra,
　　　　　la más fuerte,
　　　　　que arrojaba más lejos
　　　　　las piedras
　　　　　y te doblegaba
　　　　　en los juegos.
　　　　　La que trepaba
　　　　　a la rama más alta.
MARIANO — Eras la pequeña madre,
　　　　　apenas esbozada,

        que me acunaba
        en sus flacas rodillas,
        cuando la turbulenta
        se iba a otro lecho.
ALMA — No,
        mírame.
        Ya no soy la que te hacía llorar
        y se burlaba,
        sino la destinada a llorar
        y a ser burlada.
        Mira mi pecho,
        que empujabas,
        ofuscado.
        Mira sus delicados
        declives.
        Toda yo
        soy declive
        para una mano áspera,
        que tiemble al rozarme,
        se deslice
        y caiga
        en mi blando seno.
        Esta soy yo.
MARIANO — ¿Quién eres?
ALMA — La que quiere
        herirse en ti,
        al acariciar
        tu dura barba.
MARIANO — Soy lampiño.
ALMA — No,
        mi mano se lastimaría
        en tu mejilla.
        Si se acercara
        como una sombra,
        se desangraría
        en gotas luminosas.
        Toda yo, oscura,
        me disolvería
        en tu fuego diurno.
        Yo calmaría en mí

>   tu sed de oscuridad,
>   sediento extranjero,
>   reseco.
>   Yo, jugosa,
>   sucumbiría a tu abrazo,
>   abrasado.
> MARIANO — Hermana…
> ALMA — ¿Qué?
>   ¿No me anhelabas?
>   ¿No deseabas descubrir
>   lo que escondía?
>   ¿No curioseabas,
>   sin pudor,
>   en torno a mí?
> MARIANO — Yo era un niño.
> ALMA — Yo una niña.
>   Y te anhelaba.
>   Deseaba para mí
>   lo que podías desplegar
>   tan bravamente
>   a la luz.
>   Y ahora,
>   muelle,
>   deseo cortarme
>   en tu carne
>   más filosa.
>   Porque yo era dura
>   y tú blando,
>   y mira:
>   ¡yo me ablandé
>   y tú te endureciste!
>   Vamos, hermano,
>   la vida urge,
>   ya agotó su paciencia
>   y quiere consumar,
>   sobre el cadáver de esos niños,
>   tan largo anhelo.
> MARIANO — ¿Entonces
>   es la vida
>   este sueño que me invade

y me sumerge
en oscuras oleadas,
en latidos profundos?
¿Dormiré por fin?
ALMA — Sí, dormirás.
MARIANO — Hermana,
¿esto es lícito?
ALMA — Da lo mismo.
Cae, cae,
duerme en mis brazos.
MARIANO — Hermana...
ALMA — Hermano...
MARIANO — ¿Me despertaré?
ALMA — Sí, a una tierra luminosa,
ordenada...
LACRIMOSAS — Esto es oscuro,
secreto,
velado...
Velemos, hermanas,
cubramos con un velo nocturno
el criminal encuentro
del hermano y la hermana.

Escena II

Aposento de María y Dalmacio. María está sentada sobre su cama. Dalmacio duerme a su lado, desnudo o semidesnudo.
MARÍA — Desvelada,
en la noche siniestra...
(Mira a Dalmacio.)
Y tú duermes,
mi pequeño...
¡Y qué inquieto duermes,
pobre cuerpo mío!
Tus músculos alertas,
tu frente que exuda,
en trabajoso líquido,
las visiones que la agitan...
¿La paz que te doy,

mi pequeño,
es tan efímera?
¿Sólo el instante
en que te deshaces en mí,
en el agua
en que mi fuego se apacigua?
¿Y al instante
vuelve a robarte la guerra,
y se lleva
tu paz
y la mía?
(Pausa. A sí misma:)
¿Qué te desvela,
mujer?
(Aparece sentado en una silla del aposento el espectro sangriento del Padre.)
Ah, estás ahí...
Lo suponía.
¿Qué quieres de mí
esta noche?
Vuelves y vuelves y vuelves...
¿Cuál es tu empeño?
¿Que no duerma?
¿Que ni siquiera descanse
en el alivio de la pesadilla?

PADRE — ¿Tan cansada estás,
María?

MARÍA — Sí, de ti.
De tu atroz persistencia,
del terco regalo de tu muerte
cada noche,
que a lo largo de un día
tedioso y desdeñable
espero con turbio anhelo,
pero también
con rabia
y con espanto,
porque sé que estás ahí,
que rondas mi cama,
testigo ensangrentado

> de mis juegos de placer.
> ¿Por qué vuelves?
> ¿Qué esperas de mí?

PADRE — Estoy condenado…

MARÍA — Ya lo estabas.

PADRE — … a volver.

MARÍA — ¿Por qué?

PADRE — Tú me llamas.

MARÍA — ¿Yo?

(Se ríe.)

> Yo te eché
> de la vida.

PADRE — Sí, María,
> Y yo vuelvo
> a la vida
> como un perro lastimado
> que perdona al dueño que lo maltrató,
> tantas veces
> como es echado,
> hasta que ya no vuelve
> porque se deja morir de pena.

MARÍA — ¿Y cuándo es tu pena,
> maldito perro?

PADRE — No lo sé.

MARÍA — ¡Pero quiero dormir!

PADRE — Ya dormirás,
> mi alma.

MARÍA — ¿Es ella, no,
> la que mantiene tu vilo?

PADRE — ¿Quién?
> ¿Mi alma?

MARÍA — No el alma que no tenías.
> Otra…

PADRE — No,
> eres tú.
> Tú me mantienes en vilo.

MARÍA — ¡Qué sucio,
> indigno
> muerto!
> ¡Vete!

>	¡No te soportaba en vida,
>	menos te soporto
>	en tu pestilencia!

PADRE — ¿Por qué me mataste,
>	María?

MARÍA — Me irritabas.
>	Eras sucio.
>	Era odiosa
>	tu barba en mi boca,
>	me sofocabas.

PADRE — ¿Era una razón
>	para matarme?

MARÍA — ¿Y de qué otro modo
>	podía librarme?
>	Además,
>	¿qué era una muerte
>	en medio de tantas?

PADRE — Era mi muerte.
>	¡Y el modo,
>	mientras yacía en tus brazos,
>	confiado...!

MARÍA — ¡Basta, basta!
>	¡Ya no aguanto tus reproches!
>	¡Vienes aquí,
>	apenas oscurece,
>	ladrón del sueño!
>	¡Quiero dormir!
>	¡Gozar del día
>	y de la noche!
>	Necesito paz...
>	Dime,
>	¿qué te importa
>	tu muerte?
>	Vivías enfundado en el crimen,
>	nada dabas
>	por la vida de los otros.
>	¿Por qué entonces
>	la tuya?

PADRE — Mataba para alcanzarte.
>	Cuando salía a campaña,

        y me internaba en el desierto,
        y el frío ya me entumecía,
        aparecías ante mí,
        lejana,
        y mi sangre volvía
        a encenderse.
        Toda mi fiereza
        era para regresar a ti.
        Medía la distancia
        por los cuerpos
        que nos separaban.
        Aniquilarlos no era un juego,
        era consumir esa distancia.
        Mataba
        como un incendio que avanza.
        Tan inocente como el fuego.
        Mataba
        como se mata por la patria.
MARÍA — ¡Qué triste patria
        era la tuya!
PADRE — Eso decía él.
MARÍA — Yo no sé lo que él decía.
        Nunca lo escuché,
        no son palabras
        lo que quiero de él.
        ¡Qué me importa la política!
        Eso es para Alma.
PADRE — ¿Por qué te preocupa tanto
        el alma?
        ¿Temes por ti?
        Tú también,
        ya estás condenada.
MARÍA — Sí,
        y lo lamento tan sólo
        porque seguiré viéndote
        en el infierno.
PADRE — Sí,
        con mi hermano menor.
(A ella la doblega un dolor repentino.)
MARÍA — Déjalo,

          no lo tengas
          en tu boca ensangrentada.
          Yo a él lo salvaré,
          lo rescataré
          con mi propia sangre.
PADRE — ¡Qué fiel
          le eres!
          ¿Por qué tanto a un hermano
          y nada a otro?
          ¿No podías
          de distinto modo
          ser fiel a los dos?
MARÍA — A él lo amo,
          a ti no.
PADRE — ¡Qué abominable
          doble traición!
          ¡De un hermano,
          con un hermano!
MARÍA — ¿Qué preferías?
          ¿Verme en brazos
          de un extraño?
          No te traicioné,
          seguí atada a tu sangre,
          míralo así…
          ¿No dice el Libro Santo
          que es deber del hermano
          recibir en su lecho
          a la viuda del hermano?
PADRE — Pero María,
          no cuando hay descendencia
          y un asesinato
          de por medio.
MARÍA — Son detalles.
          Con tantos detalles
          la vida sería insoportable.
(Él ríe bajo.)
PADRE — Siempre amé tu desparpajo,
          tu hambre de vivir por sobre todo.
          Era a ti a quien amaba,
          esposa,

no eres tú
lo que él ama.
A ese hombre frío
que caliente tu cama
lo conozco bien.
Fuiste mi fin,
¿y eres su instrumento?
Sobre lo único
que yo ambicionaba,
¿pisa ahora su ambición?
¿No lo sabes
acaso?

MARÍA — Sí, lo sabía.
Lo sé.
¿Pero qué sabes tú
de mujeres?
¿Del gozo de la transparencia
atravesada?
Mi dicha es otorgar
lo banal para mí.
Tú sólo querías caer,
y cuanto más te alejabas en el mundo,
más te exacerbaba la distancia
y más apremiante y rabiosa
era tu caída
sobre mí.
Un breve y brutal choque.
Pero él
porque se va,
se detiene,
y yo
porque se está yendo
deseo retenerlo.
Y el juego
con que entretengo
su partida
es de agonía
y angustiosa ternura.

PADRE — ¿Y por qué me lo dices?
Como si pudiera ya sufrir.

>   Creí que era amor
>   abatirse como ave de rapiña.
>   Creí que deseabas
>   ser mi presa.
> MARÍA — Muy natural,
>   pero a nosotras
>   nos sobra la naturaleza.

(Dalmacio despierta. Desde este momento los Galerudos comienzan a aparecer, como en la escena anterior las Lacrimosas, por todos los rincones.)

> DALMACIO — ¿Con quién hablas,
>   María?
> MARÍA — Duerme,
>   no es nadie,
>   sólo un perro viejo
>   que araña la puerta.
> DALMACIO — Ah, eres tú, hermano…
> MARÍA — No, duerme…

(Al Padre.)

>   ¿Por qué lo despiertas?
>   Hoy hizo mucho,
>   está cansado…
> DALMACIO — ¿Qué quieres,
>   hermano?
> PADRE — ¿Qué tal…
>   debo decir:
>   mi leal ministro,
>   mi fiel hermano?
> DALMACIO — No te burles de mí,
>   que yo te amaba.
> PADRE — ¡Cubre tu desnudez
>   ante mí!
>   ¡Pruébate mi chaqueta!
>   ¿No querías siempre
>   estar en mis zapatos,
>   vestir mis ropas?
>   ¡Pruébate mi chaqueta!
>   Tiene algunos agujeros,
>   pero tal vez te calcen
>   las cuch'lladas.

(Ríe bajo.)
MARÍA — Sombra maligna,
 disuélvete en la sombra.
PADRE — Pero di, hermano,
 ¿no te sorprendes?
 ¿No temes?
DALMACIO — ¿Por qué temerte
 si no estoy en mí?
 Es noche profunda,
 la razón duerme,
 y en su sueño
 engendra monstruos.
GALERUDOS — La razón duerme.
MARÍA — *(A Dalmacio.)*
 Sí, estás dormido,
 cierra tus ojos,
 que te acuno.
 Esto es sólo
 un mal sueño.
(Al Padre.)
 Y tú, fantasmón,
 ¿qué buscas?
 ¿Venganza?
PADRE — Justicia.
MARÍA — *(Sarcástica.)*
 ¿Cuándo te importó
 a ti
 la justicia?
PADRE — Los muertos
 somos ecuánimes.
DALMACIO — Iré a todo juicio,
 hermano.
 Por alto y severo
 que sea el tribunal,
 ahí estaré,
 a cuerpo desnudo
 y limpia el alma.
PADRE — Prepárate para el alma,
 hermano.
 Pero yo soy tu tribunal:

>víctima y juez.
>Habla.

MARÍA — *(A Dalmacio.)*
>No aceptes esta farsa
>macabra.

DALMACIO — ¡Clamo inocencia!

MARÍA — ¡Eres inocente!

DALMACIO — ¡Yo, tu hermano menor,
>te amaba!
>¡Pero qué importaba el amor,
>cuando era la razón
>la que clamaba
>por la justicia de tu muerte!

PADRE — ¿Por qué, hermano?

MARÍA — *(A Dalmacio.)*
>No des razones.
>No caigas en su trampa.

GALERUDOS — ¡La que clamaba!

DALMACIO — Crecí a tu sombra,
>y te admiraba.

PADRE — Confiaba en ti.

DALMACIO — ¡Qué niño era!
>Pero algo había en mí,
>de Dios.
>Una chispa saltó
>no sé de dónde,
>y el incendio terminó
>por devorarme.
>La luz se abrió en mí,
>desgarradora.
>Mi espíritu,
>cultivado,
>dio forma
>a tanta iluminación.

PADRE — Eras avispado.
>Te hice ministro.

DALMACIO — Y vi que estabas
>sumido en el error.

PADRE — Sabía tus críticas.

DALMACIO — Las que podía
>decirte.

PADRE — Las otras las ocultabas.
DALMACIO — Sí.
MARÍA — *(Al Padre.)*
    ¿Podía exponerse
    a tu puñal?
PADRE — No, yo me expuse.
GALERUDOS — Sumido en el error.
DALMACIO — Comprendí que era inútil,
    que las luces
    no arderían en el pueblo,
    hasta tu fin.
PADRE — ¿Qué sabes tú del pueblo?
DALMACIO — Su sed de libertad.
PADRE — ¡Libertad para el pueblo,
    y muerte a la familia!
DALMACIO — Por cualquier medio.
PADRE — ¿Y eres tú la libertad?
DALMACIO — Sí.
PADRE — El pueblo te detesta.
GALERUDOS — Sumido en el error.
DALMACIO — Tal vez...
    Aún son niños,
    como yo lo fui.
    Sé que te aman,
    como te amé;
    como el que no vio la luz
    ama las tinieblas,
    como el que nació encadenado
    ama sus cadenas.
PADRE — ¡Qué arrogancia, hermano!
    ¿Y por eso,
    por nada,
    me traicionaste a mí,
    y a nuestra estirpe?
    ¿O porque yo era el primogénito,
    el amado
    del padre?
DALMACIO — ¿Hasta dónde piensas remontarte?
    Mira que ya somos padres.
PADRE — ¿Tú, padre?

DALMACIO — Tus hijos
   son mis hijos.
MARÍA — Nuestros hijos comunes.
(Al Padre.)
   ¡Muérete de una vez,
   por ellos!
PADRE — Por ellos
   morirás.
MARÍA — ¿Qué quieres decir?
PADRE — Estás condenado,
   Dalmacio.
   Ese es mi fallo.
MARÍA — ¡No, está salvado,
   porque es mío!
PADRE — Yo soy tu juez.
   Ven conmigo.
MARÍA — ¡No!
PADRE — ¿Acaso me temes?
DALMACIO — No.
PADRE — ¡Cubre tu desnudez,
   hermano!
MARÍA — ¡Su desnudez me pertenece!
PADRE — ¡Pruébate mi chaqueta!
MARÍA — ¡Tu ropa hiede!
PADRE — ¡Si tanto me amas,
   ven, abrázame!
(María se interpone de un salto.)
MARÍA — ¡Sólo a mí me abraza!
   ¡Vete, repugnante deshecho!
   ¡Vete con los gusanos!
   ¡Que ellos terminen
   de carcomerte!
   ¡Que acaben la obra
   salvadora!
PADRE — Me voy,
   pero estoy volviendo.
(El Padre desaparece, riéndose bajo. Silencio.)
MARÍA — *(Estremeciéndose.)*
   ¡Qué frío dejó!
   ¡Qué densa negrura!

Se fue
arrastrando consigo
toda sombra,
pero aun esa sombra
era más luminosa
que esta vacía, helada oscuridad.
DALMACIO — María, cúbreme.
Tengo frío.
MARÍA — Sí, hijo...
(Lo abriga. Él vuelve a dormirse.)
GALERUDOS — Qué espesa,
terrible,
hueca
oscuridad.
MARÍA — Duérmete,
pequeño cuerpo mío,
aterido.
(Lo acuna.)
¡Qué silencio!
Mi propia voz,
en la amplitud,
me asusta.
¡Mujeres, vengan
en mi ayuda!
¡Luces! ¡Luces!
¡Que iluminen
tanta desolación!
LACRIMOSAS — *(Afuera.)*
¡Luz! ¡Luces!

Escena III

El mismo espacio del Primer Acto. Las Lacrimosas corren de a grupos por los escombros. Comienzan a aparecer luces: palmatorias o velones o antorchas. Un rato después se agregan los Galerudos.
LACRIMOSAS — ¡Luz! ¡Luces!
¡La noche está cargada!
¡Pesa como una lápida!

> ¡Asfixia!
> ¡Los muertos se levantan!
> ¡Y el crimen se revuelca
> entre las sábanas!
> ¡Luz! ¡Luces!

GALERUDOS — *(Entrando.)*
> ¡Qué terremoto de silencio!
> ¡La casa tiembla!
> ¡Y caerá
> sobre nosotros!

TODOS — ¡Luz! ¡Luces!
> ¡La oscuridad daña la vista!
> ¡Estamos ciegos!
> ¡Adónde vamos!
> ¡Perdidos entre escombros!
> ¡Oímos alaridos!
> ¡Perros que ladran!
> ¡Y dentelladas de cuchillos!
> ¡Gemidos como dentelladas
> de una carne a otra incestuosa!
> ¡Luz! ¡Luces!
> ¡Nadie ha dormido!
> ¡La casa tiembla!
> ¡La noche es una lápida!
> ¡Luz! ¡Luces!

(Entra Mariano, agitado, seguido por Alma. El coro les abre paso y trepa a los montículos de escombros. Desde allí arriba, sosteniendo las luces, contemplarán la escena hasta el final.)

MARIANO — ¡Luz!

(A Alma.)
> ¡Déjame!
> ¿Quién eres?
> ¡Tuve un terrible sueño!
> ¿Por qué me persigues?
> ¿Qué quieres de mí?
> ¿Quién eres,
> pálida esfinge?
> No hablas,
> enmudeciste.
> ¡No me sigas

        entonces,
        perro silencioso!
ALMA — Ya eres mío
        sin palabras.
MARIANO — ¿Tuyo? ¿Tuyo?
        ¡Tómame,
        si puedes asir el aire,
        el insomnio,
        la pena,
        cualquier inasible substancia,
        menos un hombre de carne y hueso!
ALMA — Tu carne y tus huesos
        se apretaron contra mí.
MARIANO — ¿Contra una sombra mortificada,
        contra una llama mortecina,
        contra nada?
ALMA — Contra una mujer.
MARIANO — Contra un sueño terrible
        como muchos otros,
        un sueño triste y amargo
        que se escupe a la madrugada.
        Aléjate de mí,
        no quiero verte,
        ya te escupí.
ALMA — ¡Sí que escupiste en mí!
        ¡Qué ardiente escupitajo!
MARIANO — Siento náuseas.
        Voy a caer.
ALMA — Ya caíste
        en mí.
CORO — Esto no debería decirse,
        ni verse.
MARIANO — *(Trastabillando.)*
        ¡Luz!
(Entra María, seguida por Dalmacio.)
MARÍA — ¡Luces! ¡Luces!
        ¡Tanta noche
        por delante
        me abruma!
        ¡Luces!

MARIANO — Luz…
DALMACIO — *(A María.)*
   Ven…
   ¿Por qué escapaste,
   despavorida,
   de nuestro lecho?
MARÍA — ¡Quiero dormir!
   ¡Tengo derecho a hacerlo!
DALMACIO — Ven,
   no es aquí
   donde hallarás lo que buscas.
MARÍA — ¡Quiero dormir!
MARIANO — Y yo estoy dormido.
   Te trueco, madre,
   mi pesadilla
   por tu vigilia.
MARÍA — ¡Acepto!
   La limosna más atroz,
   pero que sea un sueño.
   Un pedazo de sueño.
   Una migaja.
MARIANO — Madre,
   refúgiame,
   seré tu sueño,
   si duermo en ti.
MARÍA — ¡Aléjate, fastidioso!
   ¡Ya no hay lugar
   en mí!
   No, hijo,
   perdóname…
   Ven,
   querido…
(Intentan abrazarse, ella lo rechaza.)
   ¿Qué olor tienes?
   ¡Perdiste tu olor!
   ¡No te conozco!
   ¿Quién eres?
   No, hijo, ven…
   Perdona a tu madre irritada…
(Intenta abrazarlo, lo vuelve a rechazar bruscamente.)

¿Pero a qué hueles?
¡No te soporto!
(Amarga carcajada de Mariano.)
MARIANO — Es mi alma
　　que hiede.
MARÍA — ¡El alma, el alma!
　　¡Si pudiéramos arrancarla
　　de un tajo!
　　¡Ser sólo un cuerpo!
ALMA — ¡Ay, si pudiera
　　arrancarme de tu cuerpo,
　　madre!
　　¡Y de tu nombre,
　　Dalmacio!
(Pausa.)
MARÍA — ¿Está ahí?
　　Ella,
　　¿está ahí?
　　Acércate, querida…
　　Está oscuro,
　　no puedo verte.
(Alma se adelanta a la luz.)
ALMA — Aquí estoy,
　　madre.
(María la examina con la mirada. Sonríe.)
MARÍA — ¿Por qué brillas?
(Se ríe.)
　　¡Miren cómo reverbera,
　　varones!
　　No fue tan oscura
　　la noche
　　para ti.
ALMA — La iluminé.
MARIANO — Y me robó la luz.
MARÍA — ¿A ti?
　　¿Por qué?
DALMACIO — Cada pregunta
　　tiene su desvelo.
　　Vuelve a tu lecho.
MARÍA — *(A Alma.)*

Amiga,
acércate.
Si puedo oler en ti
lo que creo,
ya somos dos.
Acércate,
compañera,
si de un olor perdido
hallara el rastro,
seríamos iguales.
Ya nada,
nadie,
podría acusarme.

CORO — ¿Dará la infausta noche
fruto de reconciliación?

ALMA — Nada hallarás en mí,
madre,
que no te acuse.
Ningún olor,
ni el más fino cabello.
ni una gota de sangre perdida,
hallarás que no grite:
¡asesina del padre!

MARÍA — ¡Desvarío de loca!

ALMA — ¡Asesina del padre!

MARÍA — ¡Te están escuchando!

ALMA — ¡Asesina del padre!

DALMACIO — *(Encarando a Alma.)*
¡Cómo te atreves,
ridícula criatura nocturna!

ALMA — ¿Qué?
¿Te ofendes
porque te excluí?
¿Quieres compartir
los sangrientos laureles?
¡También hay para ti!
¿Qué prefieres?
¿Asesino consorte,
o consorte asesino?

MARÍA — ¡Rabiosa alimaña!

¡Comadreja que husmea las tumbas!
ALMA — La tumba,
madre,
la única que cuenta.
DALMACIO — ¡Noctámbula!
Revuelves la noche
y te alimentas de sospechas
como de carroña.
ALMA — ¡Tú eres la carroña
que alimenta mi odio!
¡Funesto espantajo,
fantoche criminal!
DALMACIO — ¡Sobrina,
qué horribles insultos!
¿Nada respetas,
chiquilina?
¿Ningún lazo de sangre?
Soy tu tío.
ALMA — Tío,
perdóname.
Devuélveme
ese apretado lazo
de una sangre que amé,
y juro respetarte
para siempre;
vuelve a enlazar
esa sangre
que tú mismo dispersaste
–sangre que debías cuidar
y no cuidaste–;
deja que vuelva
el rojo rebaño
a su corral,
pastor descuidado,
y juro respetarte
para siempre.
DALMACIO — Bien quisiera,
pero no está en mis manos.
ALMA — ¿No está en tus manos
esa sangre?

¿Entonces estoy loca?
¿Qué estoy viendo?

DALMACIO — Bien lo has dicho.
Estás loca.

ALMA — ¡Ay, soportar
sobre el crimen
la mentira!

DALMACIO — ¡Crímenes hay,
sí,
en tu cabeza,
trasnochada!
¡Mataste todo recato,
degollaste toda luz,
y fuiste por fin asesina
de tu propia razón!

MARÍA — *(Ausente.)*
Deja,
no gastes tu saliva.
Yo lo sé.
Aunque se atreva,
no puede ya acusarme.
Aquí
cada cual
carga su crimen.

MARIANO — ¿Yo también,
madre?

MARÍA — ¿Acaso eres inocente?

MARIANO — No lo sé,
madre.
Sólo tú tienes la llave
de ese cofre.
¿Qué hay en él?
Si de esta cadena
que me ata,
el primer eslabón
fue un crimen,
yo también soy criminal;
si no lo hubo,
todo ha sido
un sueño impuro

          y nada más.
          Tú sostienes la realidad,
          madre,
          tu palabra
          es el destino.
ALMA — *(A Mariano.)*
          No le preguntes,
          cobarde,
          por tu sueño.
          Pregúntale por el suyo,
          y por qué huye de él.
MARIANO — ¿Qué sueñas,
          madre?
MARÍA — *(En tono ausente.)*
          Sí, sí,
          sueño con él,
          ¿y qué?
          ¿Eso me culpa?
          Él se acerca a mí,
          en las noches,
          me busca en mi cama.
          Siempre me buscaba.
          Habla conmigo.
          Me cuenta sus penas
          de ultratumba.
          Me acusa…
          de lo que un esposo
          suele acusar.
          Es terrible,
          celoso,
          me persigue…
DALMACIO — Calla, María…
MARÍA — Me muestra sus heridas
          y me dice:
          Esta me la hiciste…
          un día,
          ¿no recuerdas?
          Me partiste el corazón
          con esto
          o con aquello,

          me hundiste aquí un cuchillo,
          así o asá…
DALMACIO — María, te ruego…
MARÍA — Cosas normales,
          juegos
          de los sentimientos.
(Aparece el espectro del Padre.)
          No me persigas más,
          le digo,
          todos tenemos heridas.
          ¿Qué quieres ahora?,
          le digo.
          ¡No me atormentes,
          le digo!
          ¿Tanto frío
          hace ahí,
          en el infierno,
          que todavía buscas
          mi carne caliente?
          ¿No hay putas
          en el infierno?
          ¡Déjame en paz!
CORO — Enloqueció.
          ¿Con quién habla?
MARÍA — *(Al Padre.)*
          Dime al fin:
          ¿a qué vuelves?
PADRE — A repetir mi muerte.
DALMACIO — ¿Tanto la gozaste?
PADRE — ¿Cómo no?
          Si fue en sus brazos…
          ¿Recuerdas,
          María?
MARÍA — Sí, recuerdo…
PADRE — Vine exaltado,
          ardiendo todavía
          en la batalla,
          en mi triunfo viril,
          lleno de pólvora.
          Necesitaba enfriarme en ti.

¡Nunca creí
que llegara a tanto el frío!
Y allí,
en nuestra cama,
te rendí.
Tan perentorio
fue mi asalto,
tan rápida la victoria
que buscaba,
que ni siquiera atiné
a quitarme
la chaqueta.
No entré desnudo en ti,
ni en la muerte.
MARÍA — Así
lo habíamos planeado.
DALMACIO — Queríamos evitarte
el sufrimiento.
MARÍA — No teníamos
saña.
DALMACIO — Te amábamos.
MARÍA — El ardid fue
que al disolverte
en mí
te fueras para siempre
de la vida.
DALMACIO — Un solo éxtasis,
de absoluta disolución.
MARÍA — Que no sintieras
el suplicio.
DALMACIO — Ni vieras la traición.
MARÍA
Y DALMACIO — ¡Te amábamos!
PADRE — Y todos nos acuchillamos.
(Ambiguamente a los hijos, que miran inmóviles.)
El primer puntazo
fue aquí…
Esta boca abierta
en mi costado.
EL filo atravesó

>   el riñón.
>   Yo seguía vivo.
>
> *(También María y Dalmacio se dirigen a los hijos.)*
>
> MARÍA — Giró hacia él,
>   lo miró.
>   Se desprendió de mí,
>   se arrancó.
>
> DALMACIO — Arranqué el cuchillo
>   de su cuerpo.
>   Escupió sangre
>   su herida,
>   escupieron fuego sus ojos
>   sobre mí.
>   Hundí el cuchillo
>   en su abdomen.
>
> PADRE — Aquí,
>   en mi cintura.
>   El frío
>   separó mis vísceras
>   espantadas.
>   Seguí vivo.
>
> DALMACIO — Salí de él
>   y arremetí otra vez
>   contra su pecho.
>
> PADRE — ¡Mi pecho, hermano,
>   que era tu abrigo!
>
> DALMACIO — Buscaba su corazón,
>   no lo encontré.
>
> PADRE — Hirió aquí,
>   el pulmón.
>   Aún vivía.
>
> DALMACIO — ¡Su corazón,
>   su corazón latía!
>   ¡Atronaba!
>   ¡Debía detenerlo!
>
> MARÍA — ¡Su hirviente corazón!
>
> DALMACIO — ¡No quería enmudecer!
>   ¡Rugía!
>
> PADRE — ¡Me arrojé sobre él!
>
> DALMACIO — ¡Se clavó él
>   en mi cuchillo!

MARÍA — ¡Sólo él mismo
podía callar su corazón!
PADRE — ¡Debía silenciar
dolor tan grave!
DALMACIO — ¡Y estalló,
por fin!
MARÍA — ¡Qué trueno
removió la tierra!
DALMACIO — ¡Qué relámpago,
qué luz,
cubrió la tierra,
cuando murió
ese corazón,
de las tinieblas!
PADRE — Morí.
DALMACIO — Nací.
MARÍA — Morí y nací.
PADRE — Fui esclavo
de la muerte.
DALMACIO — Fui libre
en vida.
MARÍA — Fui esclava y libre,
a la vez.
PADRE — Y siguió acuchillando
el puro cuerpo.
Vi,
desprendido,
como ella lo ayudaba.
MARÍA — Cuando él se cansó,
tomé el cuchillo
y continué su obra.
DALMACIO — ¡Cada clavo
apuntalaba
el edificio de la libertad!
MARÍA — ¡Cada golpe
era puntada
a la bandera de la libertad!
PADRE — ¡Qué negro pendón,
esa bandera!
¡Qué demolición,
ese edificio!

(*Pausa larga.*)
ALMA — Estoy derrumbada.
  He muerto.
MARIANO — Me sepultaron
  mis escombros.
ALMA — Tanta saña.
MARIANO — Tanto furor.
ALMA — Tanto odio.
MARÍA — No, fue amor.
DALMACIO — Fue luz.
  Fue un hecho
  de razón.
CORO — ¡Dios mío!
  ¿Por qué sale esto
  a la luz?
  Debió morir
  en las sombras,
  acallarse.
  ¿A quién le importa
  si el mundo
  marcha así,
  siempre que marche?
  ¡Qué peligrosa
  detención!
(*Pausa. Alma desenvaina lentamente el cuchillo de su cintura.*)
ALMA — (*A Mariano.*)
  Hermano,
  padre,
  esposo,
  hijo,
  ¿debo hacerlo yo?
(*El Padre se acerca a ella.*)
PADRE — No ensucies
  tus manos de mujer.
(*Le quita el cuchillo y se lo ofrece a Mariano.*)
  Mariano…
MARIANO — Sí, padre.
PADRE — Empúñame, Mariano.
  Tenme fuerte,
  sin temblar,
  y húndeme en él.

MARIANO — Padre,
   es terrible.
   Yo nunca maté.
PADRE — Debe ser hecho.
   Tú eres hombre.
   Mi hijo.
(Deja el cuchillo en mano de Mariano y se aparta.)
MARIANO — *(Compungido.)* Tío...
DALMACIO — *(Distraído.)* ¿Sí?
(Mariano clava una sola vez el cuchillo en el pecho de Dalmacio, y lo saca. Pausa. Dalmacio se toma el pecho y trastabilla.)
PADRE — Otro muerto,
   ¡qué tediosa
   y triste visión!
DALMACIO — ¡Qué abominable destino
   el mío!
   ¡Morir por fuerza
   en manos
   de un detestable poeta!
   Et voilà,
   siempre hay una pizca
   de razón:
   Francia me dio la luz,
   Francia la quita.
(Cae.)
   Au-re-voir...
(Tiene unos espasmos y muere. Pausa. Todos contemplan el cadáver como sumidos en un sueño propio. Mariano tiene el cuchillo sangrante en su mano.)
MARÍA — ¿Pero esto es real?
   ¿Lo que veo
   sucede?
   ¿No es un delirio?
   ¿Una jugarreta
   del insomnio?
   El, ahí, tirado,
   en medio de la noche,
   y un charco,
   oscuro,

pegajoso,
borbotea
en su pecho…
¿Esto es cierto?
¿No lo sueño?
¿Es real?
¡Muévete!
(Lo mueve con un pie.)
¡Salta para mí!
¿Debo bajar yo
a ti?
(Cae de rodillas junto al cuerpo. Toca el pecho de Dalmacio. Se mira la mano ensangrentada. Emite un largo aullido de dolor, el ulular salvaje de un animal moribundo.)
Uuuuuuuu…
(Pausa.)
Tu jugo
se desparrama.
(Trata frenéticamente de juntar la sangre.)
¡Ayúdenme
a juntar la sangre!
¡Socorro!
¡Se escapa
la ladrona!
¡La noche
traidora!
¡Se lleva todo
con ella!
¡Socorro!
(Repentinamente se detiene. Se pasa la sangre por los labios.)
Está caliente.
¿Quién dijo
que eras frío?
¡Abrígame,
querido,
que ahora yo
soy la fría!
(Con hambrienta, desesperada pasión comienza a untarse con sangre la cara y el cuerpo por debajo de las ropas, que abre desgarrándolas.)

¡Dame tu último calor,
brasa agonizante!
¡Tanto tiempo
tendremos de ceniza,
y el instante es tan breve,
que alcanza apenas
para ser tibios
uno con otro!
¡Dame tu último calor,
brasa agonizante!
¡Sí, querido,
vacíate si quieres,
si me llenas
y me empapas!
¡Friégate en mí!
¡Así, así, así...!
¡Más!
¡Dame tu calor,
brasa líquida!
¡Ah...!
(Se detiene. Pausa.)
Ya está.
Ya estás casi frío.
Y yo tibia, tibia,
vómito de Dios.
Igual, viva...
¿No dormiré jamás?
¿Y él, que amaba el día,
muere así
una noche miserable?
Bah,
todo pasa.
¡Qué más da!
(Mira a Mariano.)
Hijo,
¿por qué tiemblas?
Fuiste valiente.
Cuidado, muchacho,
no deshagas tu obra,
no tiembles.

193

(Se dirige hacia él.)
>¿Qué hace ese juguete
>en tus manos,
>niño?
>Puedes lastimarte.

(Le quita suavemente el cuchillo y vuelve junto al cuerpo.)
>Mira, Dalmacio,
>fue un juguete el que te hirió.
>Era mentira,
>un juego.

(Se vuelve violentamente a Mariano.)
>¡Siempre fuiste belicoso
>y malo!
>¡Te gustaba
>jugar a la guerra!

ALMA — ¡Los dos jugábamos!

MARÍA — Tú no importas.

ALMA — ¿No importo?

MARÍA — *(A Mariano.)*
>¡Huías de mí,
>admirabas a tu padre!
>¡Bien te llamas
>Mariano!
>Maria... no,
>negado a la mujer,
>negado a la madre.

MARIANO — *(Balbucea.)*
>Madre,
>¿por ese hombre seco...?

MARÍA — ¡Ese hombre seco
>era jugoso para mí!
>¡Mira cómo me cubre
>su jugo!
>¡Ay, Mariano!
>¡Maria... no!
>¡Qué espantosa negación!
>¡Qué vacío!
>Que más da.

(Pausa.)
>¿Qué puedo hacer?

(Pausa.)

        A ti, Alma,
        te perdono.
ALMA — ¡Te ruego,
        madre,
        que no me perdones!
MARÍA — Estás condenada
        a ser mujer.
ALMA — ¡No me perdones,
        madre!
        ¡No lo hagas!
MARÍA — Pero a él...
(Mira con odio a Mariano.)
        Al otro,
        al lampiño,
        al francés,
        al afrancesado,
        al que vino
        de oscuras tierras
        de desgracia,
        al asqueroso
        enclenque,
        a ese remedo
        de hombre,
        afeminado
        y ridículo,
        insignificante
        y cobarde muñeco,
        que mató
        a un hombre
        distraído,
        a él
        lo maldigo.
MARIANO — Madre...
MARÍA — ¡No digas madre,
        que te aborté!
        ¿Querías secarme toda,
        glotón?
        ¿No ya mis pechos,
        mi sangre?
        ¿Querías mi alimento de sangre
        a borbotones?

MARIANO — ¿Qué vas a hacer,
 loca?
MARÍA — ¡Mira,
 te la doy toda!
 ¡Vuelve al mar,
 náufrago,
 ahógate en él,
 en este mar de sangre!

(Con un gesto relampagueante se degüella de un tajo. Silencio. Mariano está completamente inmóvil, como una estatua de hielo, y así seguirá el resto del acto. El Padre se acerca al cadáver de María.)

PADRE — Amor,
 pobre amor sombrío,
 pobre sombra,
 pobre carne deshecha.
 Ahora me voy
 a repetir mi muerte
 y tu muerte
 y toda muerte
 al infinito.
ALMA — *(Ausente.)*
 Mariano,
 mira qué alegre
 y brillosa
 era esa sangre,
 como un champán rojo
 de tu Francia.

(El Padre comienza a irse, lentamente, por la montaña de escombros. El Coro nunca repara en él.)

PADRE — ¿Puedo ser otro,
 muerto,
 que el que fui?
ALMA — *(Ausente, a María.)*
 Ya no brincas,
 ligera.
PADRE — Gestos
 eternamente repetidos,
 rutina de comediante.
ALMA — Ya no aturde
 tu risa.

PADRE — Con menos pasión,
        cada vez más apagado,
        hasta no ser ya
        nada.
(Desaparece.)
ALMA — Saltarina,
        ¿ya no saltas?
        ¿Qué quieres,
        astuta,
        dar pena?
        ¿O murió la vida
        contigo?
(Se acerca al cadáver, se arrodilla junto a él y lo examina atentamente.)
        ¿O acaso estás viva?
        Mira, Mariano,
        cómo aferra el cuchillo.
(Trata de quitárselo, no puede.)
        Suelta,
        suelta.
        ¿Tan firme
        lo tienes?
        ¿Hasta el último instante
        lo quieres todo para ti?
        Suelta el cuchillo,
        aún no acabó
        su obra.
        Suelta.
(Logra quitarlo. Se incorpora y se vuelve hacia Mariano, empuñando el arma.)
        Mariano...
CORO — Al fin la paz
        en el horror.
        Ahora nosotros,
        la pobre gente,
        pagaremos por otros.
        Pero debemos soportarlo.
        El orden es el orden,
        aunque sucumbamos en él.

TELÓN

ACTO 3º

Altar mayor de una antigua iglesia abandonada, en la que la guerra ha hecho estragos. Las ruinas del retablo, magnífico y barroco, dominan el espacio. Pero esto se verá más adelante, cuando comience a amanecer. Ahora es una masa oscura, indiscernible, amenazante. Una cerrada oscuridad se cierne sobre el lugar.

Escena I

Mariano, derrumbado sobre los escalones, es un guiñapo tembloroso.
MARIANO — ¿Luz…?
¿Murió?
¿Para siempre?
¿Se acabó
la luz?
¿Dónde estás?
¿Hasta dónde
has llegado?
¿Por qué
vuelves a ti?
Maldito,
no juntes tus pedazos.
Déjalos flotar
a la deriva
en la eterna
oscuridad.
Apágate
de una vez.
(Breve pausa. Al modo de una cantilena.)
Sacrebleu,
sacredieux,
Sacré-Coeur,
sacré-diable…

(Lanza una carcajada siniestra.)
>¡Cómo abunda
>en maldiciones
>el corazón del maldito!
>Calla, calla,
>¿no puedes apagarte
>aún?
>¿Esta oscuridad
>no es suficiente?
>¿Debe cerrarse
>más?

(Breve pausa.)
>Sacrebleu,
>sacredieux,
>Sacré-Coeur,
>sacré-diable…

(Se ríe. Breve pausa.)
>¿Sigues viendo?
>Sí,
>pero no afuera,
>adentro,
>adentro de ti…
>Última luz de la razón,
>tenue llamita,
>apágate de una vez,
>no puedo soportar
>lo que aún alumbras…

(Breve pausa.)
>Padre, padre,
>¿por qué…?
>Sacré-diable…

(Breve pausa.)
>Ay, madre,
>qué atroz nacimiento…
>¿Cómo me dejaste
>así abandonado
>a todo frío…?
>¡Qué inclemencia!

(Canta entrecortadamente, acunándose a sí mismo.)
>"Fais dodo, Pierrot, mon p'tit frère;

fais dodo, mon petit Pierrot...
Maman est là haut,
qui fait des gateaux;
papa est sur l'eau,
qui fait des bateaux..."
Duérmete, niño,
que si no,
¡viene el diablo
y te lleva!
¡Madre!
(Breve pausa.)
Apágate,
calla...
(Breve pausa.)
Enfant gâté,
malcriado...
¡Ahógate
en la tinaja!
¡Me resbalo,
madre!
¡Me hundo!
¡Sosténme
fuerte!
¡Tus manos
no pueden retener
mi cuerpo enjabonado!
¡Hermana!
(Breve pausa.)
Es-tu,
Madeleine?
En la Francia,
une petite putain,
une petite putain,
tenía las piernas largas...
¿Me amabas,
pequeña?
¡Cómo necesito ahora
tus piernas largas!
(Breve pausa.)
¿No quieres morir,

eh?
¿La vida
guasa
se aferra
a ti,
te cuelga
entre las piernas?
¿La fiebre
te calienta?
(Breve pausa.)
Une petite putain,
une petite putain…
(Breve pausa.)
¿Quién susurra ahí?
¿Quién se ríe?
"Maman est là haut…
Papa est sur l'eau…"
Cae,
cae…
¡Tenme!
¡Acúname!
¡No me dejes tirado
en esta charca
de frío y miedo!
Es hondo esto,
eterno…
(Breve pausa.)
¿No puedes morir?
¿No cumpliste
tu agonía?
¿Todos los horrores
de la muerte
y no la muerte?
¿Un Gólgota
sin cruz?
Que pase de mí
este cáliz…
¡Padre,
padre!,
¿por qué me has abandonado?
(Se desploma sobre sí mismo. Pausa.)

Escena II

Entra lentamente Alma. La sigue una sigilosa partida de degolladores, un conjunto raído de hombres pálidos, patibularios; feroces y armados espectros. Se quedan en las inmediaciones, sin subir al área del altar. Alma se acerca a Mariano.

ALMA — ¿Duermes?
MARIANO — Non.
ALMA — Entonces,
    ponte en pie.
    Sígueme.
MARIANO — Femme,
    qui es-tu?
    Viens-tu me consoler?
ALMA — No hables
    así...
MARIANO — Es-tu, Madeleine?
    Une petite putain,
    une petite putain...
    Tenías las piernas largas,
    ¿eh, Madeleine?
ALMA — Soy Alma,
    tu hermana,
    tu madre...
MARIANO — No me sirves.
    Necesito alivio,
    abrigo,
    hace frío.
    No me sirves,
    necesito una mujer.
ALMA — Soy tu mujer.
MARIANO — Quelle horreur!
    Ahí abajo está la muerte,
    descender,
    descender...
    ¿No me acompañas,
    hermana?
    ¿No quieres
    ser mi muerte?
ALMA — Soy tu vida,

>tú eres la vida para mí.
>Mírame,
>llevo la vida…

MARIANO — Sí,
>no hay sosiego…
>Y hasta para morir
>hace falta
>paz…
>¿Debo ir
>hasta el fondo
>de mi alma?

ALMA — Sí,
>hasta mi fondo.

MARIANO — Sí, madre, sí…
(Se acurruca en ella.)
>Es-tu, Madeleine?

ALMA — Soy Alma,
>tu madre,
>tu hermana.

(Él se aparta.)

MARIANO — No me sirves,
>necesito una mujer.

ALMA — Soy tu mujer.

MARIANO — Sí.
(Vuelve a acurrucarse en ella.)
>¿Dónde está el fondo
>del alma?

ALMA — Aquí.

(Él se aparta.)

MARIANO — Quelle horreur!
>¿Ni siquiera la muerte
>puede perdonarme?
>Necesito calmarme
>para morir…

ALMA — Ven,
>pobre maldito…
>Mira mis pechos
>llenos…
>Préndete a ellos,
>hambriento…
>Abrígate.

MARIANO — Sí.
(Aprieta su cabeza contra el pecho de ella.)
ALMA — ¡No tiembles así!
    ¡No tiembles así!
   Defectuoso,
    ¿siempre debo corregirte?
MARIANO — Je n'en peux plus!
(Cae de espaldas.)
ALMA — ¿Duermes?
MARIANO — No.
(Pausa.)
    ¿Quién susurra?
PARTIDA — La luna a la deriva,
   como un pálido féretro
   en la marea de la noche,
   está por sepultarse.
   El tiempo es corto,
   y largo
   lo que debe realizarse.
    ¡Que el Misterio se consume ya,
   sin dilación!
MARIANO — ¿Quiénes son?
ALMA — Tus padres.
MARIANO — ¿Qué quieren?
ALMA — Vienen a llevarnos.
MARIANO — *(A la Partida.)*
   Padres,
   no es uno,
   ni dos,
   para llevarse.
   No estoy entero.
   Vean
   de qué sangrientos pedazos
   me compongo.
   Hay para todos.
   Bienvenidos,
   caballeros,
   al festín del alma.
    ¿Qué parte quieren?
    ¿Qué fragmento?

¿El murmullo de un río,
una pena en el desván,
el zumbido de un verano,
una niña que en la Francia
desprecié
y que me amaba…?

PARTIDA — La luna más sangrienta,
los pasos más furtivos,
los gritos sofocados.

MARIANO — ¿Quieren de mí
lo peor?

PARTIDA — La palidez de un cadáver,
un niño ahogado,
crujir de dientes y llanto.

MARIANO — Alma,
¿son asesinos?

ALMA — Son lo que son, lo que fueron
y serán.

MARIANO — *(Con espanto.)*
¿Son demonios?

ALMA — Son la tierra,
que tanto ha sufrido
y clama venganza.

MARIANO — ¡Alma,
portadora de tristeza,
de crímenes
y espanto!
¿Cuándo me abandonarás?
¿Cuándo seré libre
de ti?
¿Cuándo seré
un cuerpo libre,
que en su inocencia criminal
paste en el mundo,
reluciente,
ajeno a todo,
envuelto en el fulgor común
de una creación
sin conciencia?

ALMA — Así
era el padre.

MARIANO — ¡El padre
　　　no era así!
　　　¡Era culpable!
ALMA — ¡No!
　　　¿Cuál era su culpa?
　　　¿Matar?
　　　¡Estaba en su naturaleza!
　　　¿El tigre
　　　es culpable?
　　　¿De qué?
　　　Mira,
　　　lo conozco.
　　　Lo tengo en mí,
　　　encerrado.
　　　Y aun a mí,
　　　que lo amo,
　　　me destroza.
　　　Es así.
　　　Sólo quiere ser libre,
　　　salir al mundo,
　　　al pasto
　　　de su inocencia carnicera.
　　　¡Ah, si pudiera
　　　de un tajo
　　　abrir mi cuerpo,
　　　su jaula!
　　　Si pudiera
　　　parirlo.
　　　Ve, padre,
　　　juega.
(Pausa.)
MARIANO — En mí está la madre,
　　　devoradora,
　　　abriendo a dentelladas
　　　el hueco en que anida,
　　　desgarrando por dentro
　　　el cuerpo sólido,
　　　haciéndolo poroso,
　　　desmenuzando
　　　lo unido.

>   Yo, que nací
>   para ser de una pieza…
> ALMA — Yo, que nací
>   para dividirme en mí misma…
> PARTIDA — Hijos,
>   es poco el tiempo
>   y grande nuestra furia.
>   Nuestro cuchillo,
>   impaciente,
>   delira de amor,
>   refulge y tiembla
>   por esa carne tibia,
>   de garganta que lo espera.
>   Afuera piafan
>   los caballos,
>   inquietos por pechear
>   al enemigo
>   y, fuera de la ciudad,
>   pisotearlo,
>   hasta que su sangre
>   llegue al freno.
>   Es poco el tiempo,
>   hijos,
>   y grande es nuestra furia.
> MARIANO — Susurros,
>   susurros de muerte.
> *(A Alma.)*
>   ¿Y tú,
>   qué quieres de mí?
>   ¿Lo mismo?
> ALMA — *(Desenvainando el cuchillo.)*
>   Hay que salir,
>   Mariano.
>   Continuar
>   la obra del padre.
> MARIANO — ¿Más crímenes?
> ALMA — Sí,
>   deben caer,
>   a filo de cuchillo,
>   todos los secuaces.

> A quien la cárcel,
> la cárcel;
> a quien la espada,
> la espada.

MARIANO — No,
> no nací para matar.
> No fui creado
> para eso.
> Además,
> ¿cómo matar
> a esas polillas?
> ¿Cómo tiznar
> mis manos
> con el polvillo seco
> de su sangre?
> No tienen jugo.
> Sóplalos,
> si no quieres verlos.
> O déjalos
> en el mundo
> y míralos desaparecer;
> son fugaces.

ALMA — Y sin embargo,
> te aseguro
> que nada estará firme
> hasta que ellos desaparezcan.
> Mira,
> Mariano,
> lo que hicieron con la tierra
> esas polillas,
> cómo la carcomieron,
> hasta dejarla en harapos.
> Mira
> cómo sufre la tierra
> y qué gordas
> están esas polillas.
> Ven, hermano,
> ayúdame
> a espantarlas.
> Que su espanto sea tal

que nunca más se atrevan
   a roer los vestidos
   del desnudo.
   Ven y rige
   la tierra que te pertenece,
   con cetro de hierro.
MARIANO — No, hermana,
   nací para engendrar,
   para dar vida.
   Ahora lo sé.
   Y si esta noche muero,
   ya no deseo
   arrastrar conmigo
   nuevas sombras.
   Moriré mi muerte,
   es suficiente,
   ya no otras.
(Ella lo mira atónita. Pausa.)
ALMA — *(Con un estallido que parece a punto de enmudecerla de ira.)*
   ¡Qué...
   inútil pelele!
(Con furor.)
   ¡Qué...
   destino insoportable!
(Se pasa de plano el cuchillo por el cuerpo, con una furia lenta.)
   ¡Ayayay!
   ¡Este cuerpo detestado!
   ¡La condena de estos pechos!
   ¡Quisiera cortarlos!
   ¡Alisarme!
   ¡Que no sea yo un hombre!
   ¡Ayayay!
   ¡Si pudiera cerrar
   mi hueco húmedo!
   ¡Plantar en el centro de mí
   esa...
   despreciable solidez,
   ese...
   ímpetu orgulloso!

¡Qué cuerpo equivocado!
¡Qué engendro abominable!
¡Ayayay,
madre!
(Pausa.)
¿Y por qué yo,
así como soy,
no puedo?
¿Salir a cuchillo limpio
y ensuciarlo?
¿Cómo ella,
que no le importaba hacerlo,
lo hizo;
y yo,
que me importa tanto,
no lo hago?
¿En todo has de superarme?
Ay, padre,
me condenaste.
Me diste la voluntad,
no el instrumento.

MARIANO — ¡Basta,
salvaje!
¿Por qué reniegas así
de ti?

ALMA — Hermano,
me temo
que nunca entenderías…

PARTIDA — Miren, hermanos,
cómo viborea el fuego en ella.
Bienvenida…
Cómo en sus ojos,
tenebrosos de tormenta,
serpentean rápidas brasas.
Bienvenida…
Cómo rechina entera
y cruje
para salirse de sí.
Bienvenida, hija…

(Breve pausa.)

ALMA — Hermano,
 ¿y qué tal si te dijera
 que al viejo tigre,
 que al perro viejo,
 le ha nacido un cachorro,
 un tigrecito ardiente,
 que se alimenta de mi sangre?
MARIANO — *(Demudado.)*
 ¿Qué quieres decir?
 ¿Qué más tienes para mí?
 ¿A qué darás luz ahora?
 ¿Qué me revelarás?
ALMA — Que en la noche
 de tu sueño conmigo
 regaste lujurioso
 donde no debías
 o debías,
 y ahora hay otro brote
 que sueña,
 que come de mi sueño
 con hambrienta,
 feroz inocencia.
MARIANO — ¡Mientes!
 ¡Sueñas
 como una loca!
 ¡Nada es real!
 ¡Ni esa noche,
 ni tú,
 ni yo,
 ni ese semen de sueño!
 ¡Matriz de pesadillas,
 de ti
 sólo puede salir
 lo monstruoso!
ALMA — ¡Soy la Mujer,
 Mariano,
 con dolores de parto!
 ¡Y si me ves atormentada
 es porque daré a luz!
 ¡Y tú,

        mi esposo,
        arrojaste por tierra
        a la Serpiente,
        al seductor que me humillaba
        y yace ahora en el polvo,
        humillado!
MARIANO — ¡Blasfemas!
        ¡No quiero oírte!
ALMA — ¡Cómo tiembla
        el maldito,
        y se tapa los oídos!
        ¿Crees que mis gritos de dolor
        no atravesarán tus manos?
PARTIDA — Piafan
        los caballos.
        Llegó la hora
        de la Cólera
        y el Juicio.
        Porque el aire cuajó
        en humo de fragua,
        en azufre y ceniza,
        y los mares en sangre de muerto,
        y en sangre el agua
        de ríos y manantiales,
        y la tierra se secó,
        se disolvió en polvareda.
        Pero llegó la hora
        del Exterminio,
        y las aves se hartarán
        de toda carne.
MARIANO — ¿Nunca terminaré
        de caer?
ALMA — Apúrate,
        toma el cuchillo,
        que el día de la Ira
        va a romper.
PARTIDA —Toma el cuchillo
        y síguenos
        a la matanza.
ALMA — ¿Por qué vacilas?

        ¿Qué quieres?
        ¿Que estalle mi cuerpo
        y salga mi hijo,
        y tuyo,
        de mí;
        que salga entero,
        ya hecho,
        como lo imagino,
        como lo veo en mi cabeza
        monstruosamente preñada?
        ¿Que armado y feroz
        haga lo tuyo?
        ¡Toma el puñal,
        padre!
        ¡Porque ya no tu padre,
        tu hijo,
        te condena!
(Pausa.)
MARIANO — ¿Es así,
        Alma mía?
        ¿Yo también,
        como mi padre y mi hijo,
        estoy sumido en tu sueño?
        ¿Nos tienes a todos
        en ti,
        dueña de generaciones?
        ¿Corral de lobos,
        viviente?
        ¿No escaparemos nunca
        de ti?
(Breve pausa.)
        Está bien,
        que sea lo que sea.
        Dame el puñal.

Escena III

Mariano está por tomar el cuchillo, pero repentinamente una tenuísima luz de amanecer cae sobre una figura sentada en el fondo, a sus espaldas: es la joven Mujer del Prólogo. La Partida se estremece.

PARTIDA — Amanece...
(Mariano mira frente a sí, como si viera a la Mujer.)
MARIANO — Femme,
    es-tu ici,
    encore?
MUJER — Sí, Mariano.
MARIANO — Est-il mon heure?
MUJER — Sí, es tu hora.
MARIANO — Est-il temps que je meure?
MUJER — No de que mueras,
    Mariano,
    de que empieces a vivir.
MARIANO — ¿Quieres decir
    que estuve muerto
    hasta ahora?
MUJER — Tanto
    como el que aún
    no ha nacido.
MARIANO — Si tú tienes poder para eso,
    te lo ruego,
    otórgame la vida,
    Señora.
MUJER — Ven conmigo,
    dame tu mano.
(Él gira hacia ella y le da la mano vendada. Ella le quita la venda.)
MARIANO — Sangra todavía.
MUJER — Y sangrará.
(Mariano asciende, de la mano de la Mujer. Desde este momento, a medida que la mañana se afirma, la luz crecerá paulatinamente, hasta inundarlo todo, enceguecedora al final de la obra.)
PARTIDA — *(A la Mujer.)*
    ¿Por qué te lo llevas?
    Es nuestro.
MUJER — ¿Te atreves a enfrentarme,
    mal guerrero?
PARTIDA — Nosotros

somos sus padres.
Amorosamente
lo hemos prohijado.
Por él nos desvelamos
largo tiempo.
Le inspiramos
el gusto de la noche,
lo melancólico
y macabro.
Fuimos a buscarlo,
atravesando las grandes aguas
donde mora Leviatán
y somos huéspedes.
En él soplamos el desvelo.
Lo agitamos en el mar,
le dimos
vértigo de mar,
espíritu de océano.
Destrozamos su alma
a dentelladas.
Pusimos el cuchillo
en sus manos.
Y él mató,
y lo demás.
Lo hizo
a plena conciencia,
Señora,
en posesión de sí.
Lo poseemos,
es nuestro,
¿por qué te lo llevas?
MUJER — Él era mío
de antes.
PARTIDA — Pero así no hay tragedia.
MUJER — No,
así no.
PARTIDA — ¿Acaso no fue
elección suya
lo que hizo?
Pudo no hacerlo

        y lo hizo,
        por soberbia.
        Para tener destino.
        Entonces que lo pague,
        ese destino.
MUJER — Pero yo me crucé.
PARTIDA — ¿Siempre te cruzas?
MUJER — Sí,
        la cruz está puesta.
        Ahora el destino
        es general.
        ¿Crees que puedes
        imponerte a la tierra
        y el cielo?
        ¿Crees que los hice
        –cielo y tierra–
        para tu diversión?
        ¿Crees que él
        es tu juguete?
        Para mí
        lo hice.
        Y es mío,
        porque lo quiero.
CORO DE LA MUJER — Lo queremos
        para nos.
PARTIDA — Maldita seas,
        ya llegará el tiempo
        de la desintegración.
        Ya pondremos el punto,
        el no final.
        Ya en el medio
        de tu luz
        y de tu día
        reventará la noche.
        Ya volveremos
        para maldecir
        tu creación.
        Ya reiremos nosotros,
        con dientes apretados.
CORO DE LA MUJER — Fuera,

¿a quién asustas?
Negador,
niégate a ti mismo.
Acusador,
acúsate.
Fuera,
que la luz
lo invade todo.
Que la luz
es lo primero
y lo último.

PARTIDA — No,
la oscuridad.

CORO DE LA MUJER — ¡La luz!
¡A la que tus ojos
siempre estarán
ciegos!
¡Vete ya!
¡No enturbies
con tu triste presencia
el día que se instala!

PARTIDA — Ay, qué negro día...
¿Debemos sepultarnos
en la nada?
¿Dormir allí
y disolvernos,
como inversos fetos?
¿Qué somos?
¿Quiénes somos?
¿Nos negaremos a nosotros?
¿Como perros que a sí mismos
se muerden?
Nuestro destino es negar,
y nos negamos.
Señora,
arrúllanos
en la nada.
Alma,
ven con nosotros.

ALMA — No,

    yo me quedaré aquí.
    Yo,
    punto oscuro,
    resistiré la luz.
MUJER — Te perdono,
    Alma.
ALMA — ¿Tú también,
    Madre?
CORO DE LA MUJER — Nos
    te perdonamos.
ALMA — No acepto
    el perdón.
PARTIDA — Nos vamos,
    sin decir adiós.
(Desaparecen. Pausa.)
MUJER — Mariano,
    hijo,
    ven a mí
    y despierta.
MARIANO — ¿Estaba dormido,
    Señora?
MUJER — Sí.
MARIANO — ¿Y lo que soñé?
MUJER — Ya no existe.
    Mira que hay
    un cielo nuevo
    y una tierra nueva,
    y el mar que conociste,
    hijo,
    ya no es más.
    Para ti
    es la nueva creación,
    reluciente,
    incorruptible…
MARIANO — ¿Y la noche?
MUJER — Ya no hay noche,
    fue derrotada
    para siempre.
    Han muerto ella
    y la muerte.

                    Mira el río de vida
                    en el que nadas,
                    brilla como el cristal.
MARIANO — ¿Ya no tendré
                    sed ni hambre?
MUJER — Mira los árboles de vida
                    que adornan este río.
                    De ellos comes
                    el fruto.
MARIANO — ¡Pero Madre,
                    me maldijiste!
MUJER — No, Mariano,
                    ya no hay ninguna
                    maldición.
CORO DE LA MUJER
Y MUJER — Despierta, Mariano,
                    emerge de ti,
                    brota en la luz.
                    En mí
                    te estoy esperando,
                    hijo,
                    yo,
                    toda luz.
                    Ven,
                    disuelve en luz
                    tu pena.
                    Hay para ti
                    catedrales de luz
                    más altas que montañas.
                    Universos de luz,
                    que se dilatan
                    en marea incontenible.
ALMA — Yo,
                    punto oscuro,
                    seguiré aquí.
                    hambrienta.
CORO DE LA MUJER
Y MUJER — Tu hambre y sed
                    de luz
                    se saciarán.

        Todos los soles
        son oscuros
        a esta luz.
        Es tanta luz
        que es imposible
        el retornar de las tinieblas.
        Ya no puedes volver,
        hijo,
        aunque lo quieras.
ALMA — Yo,
        punto oscuro,
        seguiré aquí,
        obstinada,
        distinta.
CORO DE LA MUJER
Y MUJER — Ven,
        Mariano,
        Cordero,
        primicia para el Padre,
        sin defecto.
        Despierta
        en el seno
        eternamente luminoso
        de la Madre.
        Toda la luz
        es para ti.
        Fue para ti
        que se hizo;
        y tú
        para ella
        fuiste creado.
        Mira
        desde lo alto
        del mundo,
        desde la incandescencia
        de este alba.
        Mira
        cómo la luz
        traspasa todo,
        riente.

>   Ven a jugar en ella.
>   Ven,
>   disuélvete
>   en la luz.
>   Sé
>   tú mismo
>   el riente.
> ALMA — Yo dormiré
>   en la derrotada oscuridad.
> CORO DE LA MUJER
> Y MUJER — Ríe
>   en vientos de luz.
>   Ríe
>   en mares de luz móvil.
>   Ríe
>   en montañas transparentes
>   de luz.
>   Luz naciente.

(Alma, acurrucada en las gradas, empuña el cuchillo. Mariano, que yacía inerte en el regazo de la Mujer, parece despertar, se incorpora lentamente, sonriendo, y se sumerge, como si danzara, en la luz que no deja de crecer.)

TELÓN

APÉNDICE

Pág. 133: Mujer,
 ¿eres de aquí?
 Responde:
 ¿he llegado?
 ¿Eres real?
 ¿Me conoces?
 Ilumíname entonces
 del todo.
 Mira que estoy perdido.
Pág. 134: Entonces,
 ¿de qué sueño
 a qué sueño
 he regresado?
 Siempre el espejismo?
Pág. 135: ¡Qué incierta playa,
 señora!

 y si he llegado
 no me encuentro.
 ¿Podrás descifrar el enigma,
Pág. 136: aunque yo no te conozco,
 te lo ruego
 Desengaña mis ojos,
Pág. 143: Mi alma,
 mi hermana,
 encontré
 este sable de latón
 con el que jugué de niño,
 oxidado entre los escombros,
 y el pasado entero
Pág. 144: se derrumbó sobre mí,
 demoledor.
 Caí de rodillas,
 aplastado por el peso sagrado
 de la infancia.

 Mi hermana,
 mi alma,
 ¡qué vacío estaba sin ti,

             alma mía,
             qué incompleto!
             ¡Qué hueco
             en la sombra de mi cuerpo!

             ¡Me creía pleno,
             entero,
             y era sólo mi mitad!

             ¡Qué agitada marioneta
             sin historia
Pág. 145:   he sido!

             ¡Qué hombre sin verdad!
             ¡Qué furtivo habitante
             de lo ajeno!

             Aun cuando muera,
             mi alma
             –porque eres demasiado verdadera
             para tanta mentira–…

             … aunque al juntarnos
             te devore
             y me devores,
             y mi cuerpo
             y su alma
             estallen pedazos,
Pág. 161:   ¡Por Dios!
Pág. 162:   Sí, padre mío.
Pág. 165:   ¡Qué bárbaro!
Pág. 167:   la Francia,
             tío?
             hijo mío
Pág. 168:   Yo también
             soy poeta.
Pág. 169:   "Alumbra mi palabra, aclara Dios mi bruma;
             de tu sueño llena la ardiente sangre de mi pluma."
             "De los Dioses más sagrados invocaré el nombre:
             Mercurio el industrioso, el augusto Apolo."
Pág. 172:   Luna, luna,

	¿cómo entraste
	así furtivamente,
Pág. 173:	descubriendo
	los secretos de mi lecho?
Pág. 180:	¡Soy extranjero!
Pág. 222:	Diantre,
	demontre,
	Sagrado Corazón,
	sagrado diablo...
Pág. 223:	"Duérmete, Pierrot, hermanito;
	duérmete, mi pequeño Pierrot...
	Mamá está arriba,
	haciendo tortas;
	papá está sobre el agua,
	haciendo barcos..."
	Niño mimado
	¿Eres tú, Magdalena?
Pág. 224:	una putita,
	una putita
	Una putita,
	una putita...
	"Mamá está arriba...
	Papá está sobre el agua..."
Pág. 225:	No.
	Mujer,
	¿quién eres?
	¿Vienes a consolarme?
	¿Eres tú, Magdalena?
	Una putita,
	una putita...
Pág. 226:	¡Qué horror!
	¿Eres tú, Magdalena?
Pág. 227:	¡No resisto más!
Pág. 238:	Mujer,
	¿estás aquí
	todavía?
	¿Es mi hora?
	¿Es hora de que muera?

225

Asunción

Delirio místico, pasión y muerte de Doña Blanca, manceba de don Pedro de Mendoza, que también sifilítica agoniza en la imnóvil noche paraguaya, mientras a su lado Asunción, niña indígena, pare el primer mestizo de la tierra, en el año del Señor de 1537.

PERSONAJES

Doña Blanca ....Patricia Gilmour
Asunción ....Alejandra Pita
Irala..Héctor Bidonde

Escenografía...Tito Vilar
Dirección ....Laura Yusem

Estrenada en Buenos Aires el 2 de noviembre de 1992 en el Ciclo "Voces con la misma sangre", en el Teatro Municipal Presidente Alvear.

ACTO ÚNICO

En medio de la noche, una pobre construcción de barro y paja, despojada de todo, salvo dos o tres objetos, desproporcionadamente suntuosos, transplantados. Un enorme crucifijo barroco y un sillón de madera torneada, de la misma estirpe. En él está sentada doña Blanca. Es una imagen espectral. Tal vez calva, su rostro, cubierto de afeites, es una máscara de albayalde, con manchas de colorete en las mejillas y carmín en los labios. En sus vestidos está todo el raso y el brocado y la pompa de Europa. Infinidad de joyas la cubren. Sus manos desaparecen bajo los anillos, su cuello casi no emerge de los collares y gargantillas que lo envuelven, de sus orejas cuelgan todos los pendientes. Apenas puede moverse, por su enfermedad y por los ornamentos con los que intenta revestirla y disimularla. En un rincón, sobre unas mantas tiradas en el piso de tierra, se divisa Asunción, una púber en trance de parir. Como un animal de la floresta, la india no grita su dolor de parto, sólo lo gime y murmura: un continuo, imperceptible rezo guaraní. La luz es incierta, de velas o palmatorias. Doña Blanca tiene un puñal en sus manos.

 DOÑA BLANCA — Te seguiré,
    amor,
    por la ribera…
(Pausa. Asunción gime.)
    Asunción,
    Asunción,
    deja ya de gemir,
    niña oscura.
    ¿Me quitas todo?
    ¿Hasta el gemido?
    Deja que yo gima.
    Tengo más dolores que tú,
    y mucho más
    he perdido.
    Y perderé.
    En cambio tú,

lo que pierdas ahora
será pura ganancia.
Tú gimes
por dar a luz,
porque a través de ti,
desgarrándote,
se abre paso la luz,
y no sabes
que lo que pares
es tu propia iluminación.
En cambio yo,
mírame,
preñada de tinieblas,
¿qué otra cosa daré
sino la noche?

(Breve pausa.)

Te seguiré,
amor,
por la ribera…

(La quiebra un dolor repentino.)

¡Cómo duele
este cuerpo mío,
cómo rechina
para salir de sí!
¡Estalla de una vez!
¡Estalla en sombras
al fin!
¡Mater Dolorosa,
Señora de los dolores,
suavísame!

(Pausa. Murmullo de Asunción en guaraní.)

Asunción,
Asunción,
¿a ti también
de duele tanto?
Aquí estamos,
tú y yo en la noche
con dolores de parto,
¡y qué distinto
lo que parimos!
Yo mi mortaja,
tú la mañana que verás

cuando yo esté
ya disuelta.
Te seguiré,
amor,
por la ribera…
¡Qué pesada es la noche
aquí,
en esta tierra!
Un cortinado de felpa,
suave y sofocante…
¿Por qué estoy
aquí,
en esta noche que no termina?
Yo, doña Blanca,
la manceba de don Pedro,
el Almirante de la Mar
y todas sus Islas,
yo,
la preferida,
la amada
del Magnífico Señor.
¿Qué hago aquí
en el corazón
que late oscuro
de esta tierra
incógnita?
Te seguiré,
amor,
por la ribera…
Señor don Pedro,
Almirante de la Mar,
cómo crujía tu nave
en tanto océano,
cómo crujía tu cuerpo
en el crujido de la nave,
Almirante de la Mar…
Pobrecito,
te arrullaba
entre mis pechos,
como a un hijo
maltrecho,
mal nacido…

Te maldijeron
los médicos de la nave,
que se reunieron
sobre tu medio cadáver
y juntaron sus fétidos alientos
para maldecir:
morbo francés,
siphilidis...
Mecida por el mar
yo te mecí,
Almirante,
en mi salud.
Debiste perdonarme,
no te faltó cuna
en mí.
Porque la débil
se mantuvo fuerte
para ti.
Entre hombres duros,
con mal de mar,
a los que les estallaban
negras las encías
y los ojos le lloraban
sangre,
yo me sostuve,
para mi desgracia.
Tú, mi señor,
te rompías entero,
rechinaban tus huesos
más que el maderamen,
ardías y tiritabas a la vez,
y yo,
sana,
te calentaba
y te enfriaba
con mi cuerpo...
¡Ay, nave del océano,
cuna de mi mal,
que llevabas en tu seno,
oculta,
la serpiente
que mordió mi salud

                y la llenó del veneno
                de que muero!
                Porque bastó,
                Asunción,
                que pusiera un pie
                en la ribera
                para que mi carne
                unida
                se desuniera
                y estallara
                en fuegos pálidos,
                y en llagas terribles,
                encarnadas...
                ¿Dónde ocultar el cadáver
                en el yermo?
                Allí donde se junten
                los buitres
                estará el cuerpo.
                Sobre mí se juntaron
                los médicos buitres,
                me picotearon,
                y en mi carne escribieron
                la misma
                fatídica palabra:
                sífilis...
                Y no sabían
                que si estallaba
                era de amor.
                Te seguiré por la ribera,
                río arriba,
                río abajo...
                Porque en esa nave,
                Asunción,
                primicia de dolores,
                conocí a tu señor...
ASUNCIÓN — Tuseñor, tuseñor,
                tuseñora...
DOÑA BLANCA — Sí, tu señor
                y también señor
                de tu señora,
                la manceba de don Pedro,
                la gran ramera de Babilonia,

la puta de la Mar Océano,
la que en el mar bravío
amó hasta el vértigo
a tu señor,
señor de Irala…

(Breve pausa.)

Irala,
Irala,
hijo de la ira,
hijo de puta…
¿Por qué me miraste,
bravío?
¿Por qué me infundiste
el vértigo
de tus ojos negros,
allá en la mar?
¿Por qué me vaciaste
de una sola mirada,
si luego
te negarías
a llenarme?
Hijo de la ira,
hijo de puta,
astuto Irala…
¡Qué frío eras
mientras yo me consumía
en mi fuego!
¡Qué frío eras
y cómo calculabas por tu vida,
segundón!
Porque sabías
que si en la nave
tocabas
a la que se ofrecía,
tu vida
no valía nada
en manos del Magnífico Señor
que me guardaba.
¿Y valía más tu vida,
cobarde,
que la mía?
¿Qué hombre es

el que puede
apagar así,
por cálculo,
su pasión,
y desdeñar
una hembra como yo?
¡Ese hombre no vale nada!
¡Y mírame,
Asunción,
cómo por nada
estoy muriendo,
mi vida escapa
con tanto dolor!
Nunca quisiste tocarme,
frío,
en ese mar.
No quisiste arriesgar
en mí
tu vida.
Te guardabas
para otra cosa,
y yo me di,
entera.
¡Pero cállate,
perra!
¡Deja de gemir!
¡No te soporto!

(*Se hiere, exasperada, la palma de una mano con el puñal. Se alivia.*)

Fluye, fluye,
sangre...
Estabas tan inmóvil,
detenida...
Pero ya todo comienza
a fluir;
la noche fluye,
el río mana...
Te seguiré,
amor...
¿Escuchas,
Asunción,
el dulce manar

del río?
Y cuando desborde
en el mar salobre,
cuánto dolor.
Este río duele,
Asunción,
duele la noche.
Duele la brisa húmeda
que hiere el árbol,
¿y escuchas el ay
de ese árbol herido?
Yo y tú
dolemos,
todo duele,
Asunción,
la Creación entera
tiene dolores de parto...
Santa María,
ruega por nos...
Mírame,
Señora,
en noche eterna,
mira este cuerpo que amó,
despedazado,
y recógelo,
álzalo hacia ti,
Señora,
álzalo en tu Asunción,
en tus dedos
de luz tenue.
Alza
este cuerpo,
Señora,
que no te repugne.
Mira tu Hijo,
cómo lo magullaron,
y así
lo alzaste a ti,
y lo sanaste.
¿Cómo no habrás de sanar
este mi cuerpo,
magullado?

(Pausa.)

    Asunción,
    mi sierva,
    cuando yo
    me alce,
    ¿te elevarás conmigo,
    y dejarás aquí
    a tu hijo,
    en la ribera de la noche,
    junto a este río
    que no cesa de fluir,
    y fluirá por siempre?

(Pausa.)

    Dejé a mi señor,
    agonizante,
    en aquel caserío;
    me escapé,
    y seguí a tu señor
    río arriba…
    Subrepticia,
    fui tras él
    tras su olor,
    como una loba
    hambrienta,
    río arriba,
    y río abajo,
    y río arriba,
    hasta aquí…
    Y aquí
    me detuve
    a morir…
    Porque ni aun cuando,
    libre mi cuerpo,
    sin riesgo para él,
    pude ofrecérselo,
    ni aun entonces
    me tocó,
    ahora por asco
    y temor
    de mis llagas…

(Se ríe.)

    ¡Valiente hombre!

(*Pausa.*)

　　　　　　　　Si yo fuera tú,
　　　　　　　　si fueras tú
　　　　　　　　el podrido,
　　　　　　　　yo
　　　　　　　　te seguiría,
　　　　　　　　amor,
　　　　　　　　por la ribera,
　　　　　　　　te seguiría
　　　　　　　　río arriba,
　　　　　　　　río abajo,
　　　　　　　　te seguiría
　　　　　　　　como una loba
　　　　　　　　hambrienta,
　　　　　　　　que olfatea el cuerpo tibio
　　　　　　　　que arrastra el agua,
　　　　　　　　te seguiría, amor,
　　　　　　　　por la ribera,
　　　　　　　　y cuando te hallara,
　　　　　　　　cuando el agua
　　　　　　　　te descansara
　　　　　　　　en la ribera,
　　　　　　　　cuando te hallara
　　　　　　　　entre los juncos oscilantes,
　　　　　　　　te devoraría
　　　　　　　　despacio,
　　　　　　　　a la luz de la luna,
　　　　　　　　devoraría,
　　　　　　　　gozosa,
　　　　　　　　lentamente,
　　　　　　　　tu cuerpo mortecino...

(*Breve pausa.*)　　Pero tú,
　　　　　　　　cobarde devoto
　　　　　　　　del poder y la vida,
　　　　　　　　temiste primero la pompa
　　　　　　　　de mi Magnífico Señor,
　　　　　　　　y luego
　　　　　　　　te consagraste
　　　　　　　　a un cuerpo ajeno,
　　　　　　　　de humo que brillaba,
　　　　　　　　esquivo y tembloroso...

Fuiste tú,
Asunción,
fruto de ciernes,
silvestre,
más deseable que yo,
fruto pasado…
¡Ay, Asunción,
Asunción,
niña de la tierra,
si al menos
hablaras español!
¡Cada palabra
que dijeras
sería ungüento
para tanto deseo,
tanta llaga!
Dime,
por ejemplo,
cuando él se echa
sobre ti,
como un crepúsculo,
¿relampaguean
sus ojos nocturnos?
Dime,
¿late oscura
su piel más secreta?
¿Qué olor tiene?
¿Cómo arden sus muslos?
Dime,
¿es renegrido y espeso
ahí
su vello?
Y ahí,
donde se endurece
la sangre del varón,
¿cómo es de bruñida?
Dime,
¿a qué sabe su lengua,
su saliva?
Y cuando él entra,
¿es como la noche
que entra?

¿Te inunda lenta,
grave,
inmóvil,
invencible?
¿Primero
a golpes profundos
y luego
como una marea de oscuridad
que te cierra,
que ahoga en ti
hasta los destellos
más tenues?
¿Tiemblas?
¿Temes?
¡Habla!
¡No te guardes
todo!
¡Alumbra
la palabra!

(Pausa.)

Moriré
sin saberlo.
Guardarás
para siempre
el secreto,
en tu murmullo incomprensible,
en tu perfume terrestre,
tú,
que no te apartas
de la lluvia,
el rocío,
el pasto,
el viento...
Sólo sé
que él desparramó
en ti
su jugo,
niña de pechos
apenas esbozados.
Entró en ti,
sangrándote.
Te prefirió

          a mí.
          Tuviste miedo,
          sé que tuviste miedo
          de ese abrazo brutal,
          de espina ardiente,
          que te sangró.
          Y tú le devuelves
          a su guerra,
          como una ofrenda
          de paz,
          un trozo de carne tibia
          que juntaste
          paciente
          en un rincón
          de ti.
          Pero sé que devuelves
          también
          un misterio
          que ha de alabarlo
          o maldecirlo.
          ¿Qué saldrá?

(Pausa.)

          ¡Alza,
          niña!
          ¿Qué haces ahí,
          echada,
          ante tu señora,
          la puta del palacio,
          la manceba
          del Magnífico Señor?
          ¡No gimas,
          barro inicial!
          ¡Habla!
          ¡Ven hacia mí,
          que no puedo moverme!
          ¡Ven!
          ¡Que te mate a ti,
          y al hijo suyo
          en ti!
          ¡Ven!

(Furiosa, se hiere la otra palma con el puñal. Pausa.)
          Fluye, fluye,

241

sangre...
Llévame al río,
llévame al mar,
sal de esta tierra,
perdida.
¿Qué seguiste,
insensata?
¿Qué rastro?
¡Vuelve al sol
del mediodía!
Te seguí,
amor,
por la ribera,
no te encontré...
¿Quise matarte,
Asunción?
No temas,
niña...
¿Para qué?
Él tomaría otras como tú,
de la arcilla que hay aquí...
El señor
no necesita más que agujeros
donde regar su simiente,
y esta tierra es porosa,
llena de agujeros
hambrientos.
Y yo,
mira,
mi rostro ya no existe,
no lo conocería yo
detrás de mis afeites.
Mi cuerpo
se desangra,
y mis pechos,
secos,
ya no amamantarán
hijos que no tuve.
Mis pezones
gritan de dolor,
porque no habrá ya
dientitos

que los muerdan.
Mi flor
se marchitó.
Aquí,
debajo de todos mis vestidos,
guardo para mí
una oscura flor
marchita.
¿Aceptarás,
Señora,
esta flor que no fue fruto?
Tú,
que tanto fruto
diste al mundo.
Santa María,
ruega por nos...
Mírame
en noche eterna,
mira este cuerpo
que amó,
despedazado,
y recógelo,
álzalo hacia ti,
Señora,
álzalo en tu Asunción,
en tus dedos
de luz tenue.
Álzalo,
Señora,
alza este cuerpo,
manojo de tristezas.
Que no te repugne,
Señora...
Mira,
Asunción,
ya se agota mi sangre
por fin...
En poco rato
seré transparente,
ya no pesaré...
Ya floto
en la oscuridad...

                    Tenue y azul,
                    como una llama
                    a punto de morir...
                    Limpia de sangre,
                    vacía...
                    Y aun esa llama,
                    última luz,
                    se extinguirá...
                    Me doy a la noche,
                    porque la noche
                    no levanta...
                    Te seguiré,
                    amor,
                    por la ribera...
                    Asunción,
                    Asunción,
                    cuando estés en la luz
                    con tu Señor,
                    ¿te acordarás
                    de mí?
                    ¿Te acordarás
                    de esta ladrona
                    de la gracia?
(Deja caer el puñal y muere. De las sombras se desprende Irala, lentamente.)
　　IRALA — Doña Blanca,
                    señora...
(Se acerca a ella, recoge el cuchillo.)
                    ¿Descansas ya?
(Asunción gime. Él se le acerca.)
                    Y tú, ¿has de parir
                    de una vez?
(Pausa. Fríamente curioso.)
                    ¿Qué saldrá?

                            TELÓN

Bibliografía crítica sobre Ricardo Monti

por LILIANA B. LÓPEZ

Ediciones
Una noche con el Sr. Magnus & hijos, (Buenos Aires: Talía, 1971).
Historia tendenciosa de la clase media argentina, de los extraños sucesos en que se vieron envueltos algunos hombres públicos, su completa dilucidación y otras escandalosas revelaciones, (Buenos Aires: Talía, 1972).
Visita, (Buenos Aires: Talía, 1977).
Marathón, en *El teatro argentino. Cierre de un ciclo*. (Incluye *El viejo criado*, de Roberto Cossa), (Buenos Aires: Centro Editor de América Latina, 1981).
La cortina de abalorios, en *Teatro Abierto 1981*, Volumen II (21 estrenos argentinos), (Buenos Aires: Corregidor, 1992, pp. 207-233).
Una pasión sudamericana, en *Celcit*, año 2, n° 3 (otoño 1992), pp. 67-95.
Una pasión sudamericana / Una historia tendenciosa (nueva versión). Estudio preliminar por Osvaldo Pellettieri. (Ottawa: Girol Books, Inc., 1993).
Theaterstücke aus Argentinien. Moderne Dramatik Lateinamerikas. Heda Kage y Halima Tahán (Berlín: Editions diá, 1993). En alemán. Reúne las siguientes obras: Roberto Arlt, *Trescientos millones*; Osvaldo Dragún, *Historias para ser contadas*; Roberto Cossa, *La nona*; Griselda Gambaro, *Decir sí*; Ricardo Monti, *Marathón*; Diana Raznovich, *Desconcierto*; Julio Cortázar, *Nada a Pehuajó*; Jorge Goldenberg, *Knepp*; Eduardo Pavlovsky, *Potestad*. Contiene un apéndice con una breve noticia de cada autor, junto a una lista de sus obras.

Capítulos en libros, artículos y prólogos
1. Tirri, Néstor, 1973, *Realismo y teatro argentino*. Buenos Aires, Ediciones la Bastilla.

Capítulo V: "Los parricidas: Monti y Gentile".

Es el primer estudio sobre la obra de R. Monti *Una noche con el Señor Magnus & hijos*, donde la pone en relación con un proyecto que J.C. Gené no pudo concretar y con *La noche de los asesinos* de José Triana: la misma fábula, "pivote arquetípico" condensa la idea del parricidio. Es una lectura desde el análisis sociológico, donde la casa funciona como símbolo de la estructura mental de la clase media, y Magnus como el "sistema". Señala el carácter ritual de la obra, el teatro dentro del teatro en las microrrepresentaciones y el procedimiento brechtiano del presentador. Incluye un manifiesto de Monti: "A una platea de culpables", y condensa la recepción inmediata. (pp. 185-192).

2. Tschudi, Lilian, 1974, *Teatro argentino actual*. Buenos Aires, Editorial García Cambeiro.

Capítulo VI: "El mundo como zona de conflictos I". Realiza una lectura de *Una noche con el señor Magnus & hijos* como teatro de situación, dentro del subtipo de "teatro moral" (discurso evaluativo, según Todorov), en el cual la ideología es unívoca e imperativa. Señala influencias del *Marat-Sade* de Peter Weiss y de la vanguardia europea (Beckett, Ionesco), (pp. 81-93).

Capítulo VIII: La producción de significados en la pieza de contenido político. Incluye a *Historia tendenciosa de la clase media argentina* en la clasificación del capítulo precedente, (teatro de situación), que toma la forma del teatro de acción donde el individuo se opone al entorno. (pp. 107-114).

3. Podol, Peter, "Surrealism and the Grotesque in the Theatre of Ricardo Monti", *Latin American Theatre Review*, 14/1 (Fall 1980), pp. 65-72.

Partiendo de las definiciones de *surrealismo* de J.H. Matthews y de *grotesco* de Bert States, Podol señala los elementos que pertenecen a estas estéticas en *Una noche con el Sr. Magnus & hijos, Historia tendenciosa de la clase media argentina* y *Visita* en diferentes niveles textuales. Desde las acotaciones, donde remarca la utilización del rostro/máscara, hasta en los aspectos estructurales y semánticos: la función de la simulación como resistencia al autoritarismo, toma la forma de la ceremonia ritual en la primera de las obras mencionadas. En la segunda, el grotesco funciona como parábola de la vida política en Argentina, combinando sátira, alegoría, caricatura, humor, canciones e improvisaciones, y Podol la analiza como un trabajo colectivo. En *Visita* señala la visión surrealista en un nivel de mayor abstracción que en las dos obras anteriores.

4. Ordaz, Luis, "Ricardo Monti y el juego de los símbolos", en *El teatro argentino* (Buenos Aires: CEAL, 1981) pp. VII-X.

Es el prólogo a una edición que reúne *El viejo criado* de Roberto Cossa y *Marathón*, de Ricardo Monti. En la sección correspondiente a este autor, reseña su trayectoria y cita fragmentos de sus metatextos. En el análisis de *Marathón* señala el antecedente de *Baile de ilusiones* (adaptación escénica de la novela *¿Acaso no matan a los caballos?* de Horace Mc Coy), pero discrepa en cuanto a los alcances, ya que el ámbito y los bailarines son lo exterior de la anécdota; considera que es el texto de un artista plástico cuyo propósito es provocar al espectador.

5. Zayas de Lima, Perla, "El neorrealismo en dos tiempos: de Gorostiza a Monti", capítulo VI de *Relevamiento del Teatro Argentino (1943-1975)* (Buenos Aires: Rodolfo Alonso, 1983), pp. 109-118.

Incluye bajo el término "neorrealismo" a dos autores: Carlos Gorostiza y Ricardo Monti, entendiendo bajo esta denominación a "toda forma de representación de la realidad, sin parcializaciones ni limitaciones de clase, que al tiempo que se aparta de lo meramente aparencial se propone al espectador como un testimonio crítico-analítico de su circunstancia". En la obra de Monti analizada, *Una noche con el Sr. Magnus & hijos*, señala diversas operaciones sobre el realismo: el reemplazo de lo verosímil por lo verdadero, un apsicologismo que le otorga universalidad, la utilización de la sorpresa como factor primordial y lo lúdico y lo ritual unidos en función catártica.

6. Pellettieri, Osvaldo, "Historia y teatro", en *Todo es Historia*, 212 (dic. 1984), pp. 32-44.

Parte de la premisa de que todo teatro es histórico, mencionando ejemplos del teatro universal, para luego anclar en el teatro argentino, ejemplificando con tres obras donde aparece una postura crítica histórica y política, instando al receptor a una toma de posición: *El hipócrita político*, autor anónimo, compuesta alrededor de 1820, *El gigante Amapolas*, de Juan Bautista Alberdi (1841) e *Historia tendenciosa de la clase media argentina...*; de Ricardo Monti (1971). Señala como especificidad de esta última su construcción a partir de la parodia, los elementos expresionistas y el distanciamiento brechtiano en el marco de un esquematismo y determinismo social acentuados.

7. Trastoy, Beatriz, "El teatro argentino de los últimos años: del parricidio al filicidio", en *Espacio*, 2, 2 (abril 1987), pp. 74-82.

El parricidio es considerado como una de las constantes temáticas del teatro argentino a partir de *M'hijo el doctor* de F. Sánchez, deteniéndose en el análisis de tres textos estrenados en 1970: *Chau, papá*, de Alberto Adellach, *Una noche con el Sr. Magnus & hijos*, de Ricardo Monti y *Hablemos a calzón quitado*, de Guillermo Gentile. En las dos últimas encuentra la motivación en el movimiento revolucionario francés de 1968. Asimismo, el filicidio, desde *La fiesta del hierro* de Roberto Arlt, se ha intensificado de manera directa en obras contemporáneas, como *Telarañas*, de Eduardo Pavlovsky.

8. Monteleone, J., "El teatro de Ricardo Monti", *Espacio*, 2, 2 (abril, 1987), pp. 63-74.

Se ocupa de las primeras cinco piezas de Monti, en las que encuentra un común denominador: la ausencia de trama y la carencia de causalidad. Otro procedimiento compartido es la utilización del mito y del arquetipo, "para abarcar lo concreto individual como constituyente de lo abstracto genérico". Señala cuatro motivos principales que se repiten en la obra de Monti: la familia, los espacios cerrados, los rituales y las máscaras. Encuentra la filiación del teatro de Monti en modelos externos e internos (Discépolo, Defilippis Novoa, Arlt y Griselda Gambaro), donde se realiza como una hipérbole del grotesco iniciado setenta años atrás (*Los disfrazados, He visto a Dios, El fabricante de fantasmas*) mediante la exasperación y la utilización de arquetipos, llegando a la conclusión de que se trata de un teatro vanguardista.

9. Pellettieri, Osvaldo, "Un microcosmo del país", *La escena latinoamericana*, 2 (agosto 1989), pp. 12-13.

Señala a *Marathón* como la síntesis de un período; es la culminación de la antítesis de los años sesenta: un desarrollo teatralista destinado a probar una tesis realista. Incluye a este texto dentro del *absurdo crítico*; donde se destacan los procedimientos expresionistas, entre otros, como la ruptura de la cuarta pared, elementos del sainete criollo, del absurdo y el distanciamiento brechtiano. Analiza su recepción inmediata, y concluye considerando a *Marathón*, junto a Teatro Abierto 1981, como el momento canónico del sistema teatral abierto en los sesenta.

10. Previdi Froelich, Roberto, "Víctimas y victimarios: Cómplices del discurso del poder en *Una noche con el Sr. Magnus e hijos*, de Ricardo Monti", *Latin American Theatre Review*, 23/1 (Fall 1989), pp. 37-48.

Asemeja las obras de Monti al grotesco europeo de vanguardia (Beckett, Genet), y señala como rasgo sobresaliente la utilización de la máscara como "rasgo visualmente grotesco de la ideología burguesa". En *Historia tendenciosa de la clase media*, encuentra ecos de *Las venas abiertas de América Latina*, de Eduardo Galeano; en *Visita*, la representación de un mundo cerrado, la burguesía, y en *Marathón*, la simbolización de la aceptación de las reglas de juego del discurso capitalista burgués. Se detiene especialmente en *Una noche...*, cuestionando las lecturas que sostienen que es la exposición de opresor y oprimidos. Se trataría, en cambio de la exposición de los mecanismos de poder y de sus redes de complicidad. Finalmente hace una lectura referencial, donde lo que se está cuestionando al exponerlo en forma grotesca es el poder político en Argentina a partir de 1943.

11. Sagaseta, Julia, "La dramaturgia de Ricardo Monti: la seducción de la escritura", en *Teatro Argentino de los '60*, Osvaldo Pellettieri (ed.) (Buenos Aires: Corregidor, 1990), pp. 227-241.

Ubica al autor en la etapa del sistema que se inicia en la década del '70 con *El avión negro* de Cossa, Rozenmacher, Somigliana y Talesnik, sistema que también integran Esteve, Gentile, Operto, Adellach, Diament, Orgambide, entre otros. La producción de Monti se caracteriza por su coherencia y unidad, bajo los elementos carnavalescos y grotescos del lenguaje, temas y personajes. A partir de las nociones de carnavalización y de grotesco (en el sentido amplio con que se lo emplea en la historia del arte, y el sentido del grotesco criollo), agrupa la obra de Monti en tres zonas: las de mayor peso en la alegoría, lo ritual y las búsquedas esenciales (*Una noche con el Sr. Magnus & hijos, Visita* y *Marathón*), las de mayor testimonio de lo referencial histórico (*Historia tendenciosa...* y *La cortina de abalorios*) y la zona de conjunción de las dos líneas y un mayor enriquecimiento de la escritura (*Una pasión sudamericana*).

12. Trastoy, Beatriz, "Teatro político: producción y recepción (Notas sobre *La cortina de abalorios*, de Ricardo Monti)", en *Teatro Argentino de los '60*, Osvaldo Pellettieri (ed.) (Buenos Aires: Corregidor, 1990) pp.217-223.

El punto de partida es la consideración sobre la existencia de un teatro político, desde una determinada concepción del hecho político en general, definido específicamente como *enfrentamiento*; aplica estas nociones a una de las obras de Monti que fue catalogada como "teatro político": *La cortina de abalorios*. Concluye en que el texto admite diversas lecturas, en cuanto a la referencialidad (crítica al modelo de país perfilado en el siglo XIX, cuestionamiento al imperialismo inglés, o crítica al imperialismo norteamericano, desde la lectura ideológica de la izquierda en la década del '70), y en todo caso, una denuncia del autoritarismo dictatorial. La *politicidad* de un texto dependerá entonces de su contexto de producción y de recepción más que de sus valores intrínsecos o de las declaraciones de intención de sus productores.

13. Pellettieri, Osvaldo, "Una tragedia sudamericana", *La escena latinoamericana*, 5 (dic. 1990), pp. 28-34.

Ubica la textualidad de Monti dentro del sistema teatral argentino, marcando su especificidad: la progresiva densidad simbólica de su teatro, cuyos dos modelos son *Visita* y *Una pasión sudamericana*; si bien no habría ruptura con el sistema abierto en los '60, Monti se inscribe en una "modernidad marginal", entroncándose además con la tradición expresionista nacional. Marca la utilización de la "manipulación referencial" en los cinco textos anteriores a *Una pasión sudamericana*, en la que se reclama del espectador una competencia de descodificación simbólica, además de otros cambios con respecto a su producción anterior. Por último, analiza el texto espectacular y la recepción, que salvo una excepción, lo ha leído desde el realismo.

14. Giustachini, Ana, "El teatro de la resistencia: *Una pasión sudamericana* y *Postales argentinas*" en *Teatro Argentino Actual*, Cuadernos Getea, Año I, n° 1, 1990 (Ottawa: Girol Books/Revista Espacio), pp. 55-72.

Toma como punto de partida el concepto de *teatro de resistencia*, formulado por Osvaldo Pellettieri en el artículo que abre el volumen: "El teatro latinoamericano del futuro"; este teatro formula un modelo nuevo, en el que Pellettieri ubica a *Postales Argentinas*, de Ricardo Bartís, y *Una pasión sudamericana*, de Ricardo Monti. Giustachini analiza ambas puestas, desde la metodología propuesta por Pellettieri en el G.E.T.E.A. De la obra de Monti, realiza una lectura *histórica*, trabajando –entre otros aspectos– los niveles discursivos de los personajes, arribando a la conclusión de que la obra plantea un discurso obstruido históricamente: el del rosismo, derrotado políticamente, y por ende, obturado desde la construcción del discurso de la "historia oficial".

15. Zayas de Lima, Perla, "Historia, antihistoria, intrahistoria en *Una pasión sudamericana* de Ricardo Monti", en *Boletín del Instituto de Artes Combinadas*, VIII, Facultad de Filosofía y Letras, Buenos Aires, (1990), pp. 16-18.

Plantea tres objetivos: 1) reflexionar sobre la especificidad del teatro histórico; 2) comprobar cómo el dramaturgo incorpora a lo histórico, lo intrahistórico, y 3) mostrar como *Una pasión sudamericana* inaugura un nuevo tipo de teatro histórico, utilizando para el análisis textual *El discurso de la historia* y *S/Z*, de Roland Barthes, y las propuestas de Hamon sobre el estatuto del personaje. Señala las constantes de diversas obras históricas argentinas de los siglos XIX y XX, y llega a la conclusión de que el teatro histórico es un *subgénero hipercodificado*; analiza el funcionamiento de la intertextualidad y el reforzamiento del efecto de realidad. La obra de Monti, pese al funcionamiento diverso de estos componentes y la presencia de otros (el inconsciente, la construcción atípica del personaje protagónico, la ausencia del héroe, etc.) sería, sin embargo, un teatro plenamente histórico.

16. Sagaseta, Julia Elena, "Los límites del poder: en torno a *Una pasión sudamericana* de Ricardo Monti", en *Boletín del Instituto de Artes Combinadas*; VIII, Facultad de Filosofía y Letras, Buenos Aires, (1990), pp. 19-21.

Aborda diversos ejes/perspectivas presentes en *Una pasión sudamericana*, desde las variantes de su título, hasta los problemas de la referencialidad. El personaje del Brigadier es analizado como el arquetipo del poder, cuyas vinculaciones con la locura se manifiestan en diversos niveles textuales. Otros ejes sobre los que se desarrolla este trabajo son: la sangre como signo, el saber –en relación con el querer/poder–, la elección –vinculada a la problemática civilización/barbarie– y el destino, que convierte al Brigadier en personaje trágico. Por último, sitúa la obra en relación con la producción anterior de Monti, planteando su especificidad.

17. Scheinin, Adriana, "Sobre *Una pasión sudamericana*, de Ricardo Monti", en *Boletín del Instituto de Artes Combinadas*, VIII, Facultad de Filosofía y Letras, Buenos Aires, (1990), pp. 22-26.

Trabaja desde una bibliografía que cubre campos semánticos relativos al sueño y el inconsciente (G. Bachelard, M. Merleau Ponty), la locura y el poder (Foucault), desde la que enfoca a *Una pasión sudamericana*. Realiza una lectura inmanente, sustentada en una poética de la imaginación material, bajo la hipótesis del *poder del ensueño*, ubicando al drama entre los límites de lo consciente y lo inconsciente, cuyo centro es la figura del Brigadier, el "sujeto del ensueño", pero observando la funcionalidad de otros personajes: Farfarello, como el "sujeto-guía de la revelación", los Locos como el desprendimiento de la razón, y Estanislao y Barrabás como las figuras oscuras. El saber y el poder como móviles iniciadores e iniciáticos, son los motores del ensueño del Brigadier, en un ámbito cerrado y circular. Analiza el poder de la mirada, y las distintas maneras de ver el mundo, mediante oposiciones y antinomias que revelan una dualidad que no se resuelve.

18. Giella, Miguel Ángel, "*La cortina de abalorios*, de Ricardo Monti" en *Teatro Abierto 1981. Teatro Argentino bajo vigilancia*. (Buenos Aires: Corregidor, 1991) pp. 177-190.

Las relaciones entre contexto político-social y el teatro guían el análisis que Giella lleva a cabo de los veintiún estrenos de la edición 1981 de Teatro Abierto; "Bajo vigilancia" es la fórmula que resume las condiciones de producción, emisión y recepción de las obras dramáticas. *La cortina de abalorios* es estudiada a la luz de una metodología común para todos los textos, que se concentra en aspectos estructurales y simbólicos de los mismos. Así analiza el *núcleo*, los *núcleos satélites, espacio escénico/espacio referencial, acción dramática*, los *dramatis personae* y su evolución, para concluir finalmente con el análisis semántico, que muestra a *La cortina de abalorios* como una metáfora de la Argentina, del ejercicio del poder, "una gran mascarada o festín".

19. Cosentino, Olga, "Misterio, poesía y tragedia de América Latina", en: *AA.VV., Teatro Contemporáneo Argentino* (Antología), (Madrid: Fondo de Cultura Económica, 1992), (pp. 1015-1021).

Sitúa la producción de Monti hasta detenerse en *Una pasión sudamericana*; encuentra constantes, como el tema del autoritarismo, y lo real atravesado por el mito, la anécdota que se vuelve emblemática y el personaje, arquetipo. Enumera los recursos que elevan el material dramático a categoría poética: la reiteración obsesiva, los espacios cerrados y las máscaras. La muerte aparece como otro símbolo, que circula desde el parricidio (*Magnus*) al filicidio (*Una pasión...*), donde esta última es leída como metáfora de los desaparecidos durante la década del '70, y considerada como la obra más importante dentro de la producción del autor y como un hito en la dramaturgia argentina y continental, "tragedia histórica de América de Sur".

20. López, Liliana, "Las máscaras del poder en la dramaturgia de Ricardo Monti" en *Arte y poder*, (Buenos Aires: Centro Argentino de Investigadores de Artes, 1993) (pp. 467-474).

Los seis textos de Monti estrenados hasta la fecha de este trabajo son analizados desde la perspectiva del poder, como elemento estructurador de la *fábula*, el motor de la acción, presente en el *aspecto verbal*, y por último lo que les otorga significado (*aspecto semántico*), según las instancias metodológicas para el análisis de la obra dramática propuestas por Osvaldo Pellettieri. Contra las lecturas que proponen a la textualidad de Monti como "teatro histórico", cada obra se focaliza en torno a los conflictos –internos, individuales o sociales– que plantea el poder, su contigüidad con la alienación y la locura, y los recursos estéticos utilizados para su representación. La máscara, como disfraz social e individual, es una de las mediaciones para su identificación por el receptor, y el teatro se convierte en el espacio de experimentación y reflexión.

21. Pellettieri, Osvaldo, "El Teatro de Ricardo Monti: de la rectificación de la historia a la historia propia", Estudio Preliminar a Ricardo Monti, *Una pasión sudamericana-Historia Tendenciosa* (Ottawa: Girol Books, Inc., 1993) pp. 1-29.

La propuesta consiste en ubicar la textualidad de Monti en el sistema teatral argentino, evaluar su unidad y su diferencia; allí describe cómo se va intensificando la densidad simbólica dentro de su producción, hasta llegar a *Una pasión sudamericana* a la que considera el texto más importante del autor y además, clave "para comprender la situación del teatro argentino actual". La unidad de las primeras obras del autor, sufre una profunda evolución a partir de la pieza mencionada, cuya *diferencia* es el núcleo del trabajo, junto al análisis del texto espectacular y su recepción. Finalmente realiza un trabajo comparativo de dos versiones: *Historia tendenciosa de la clase media argentina...* (1971) y *Una historia tendenciosa* (1990).

22. López, Liliana, "Los paradigmas de la alteridad en *Asunción*, de Ricardo Monti", *Actas de ACITA* (Buenos Aires: Asociación de Críticos e Investigadores de Teatro Argentino, 1993) pp. 78-82.

Asunción (1992) es ubicada en relación de proximidad estética a *Una pasión sudamericana* y enfocada desde las relaciones de alteridad, dentro de la problemática del mestizaje cultural. La fábula –un episodio histórico– puede ser leída como un terreno de experimentación de las relaciones con el "otro". Siguiendo las categorías que propone T. Todorov en *La Conquista de América. La cuestión del otro.*, se observan las *posiciones discursivas* de los personajes –que reflejan sus posiciones sociales– posibilitando así su libre emisión o su obturación, en los extremos, y variantes intermedias como el falso diálogo. También sus relaciones espaciales y proxémicas pueden verse como la problematización, estableciéndose un correlato entre la estructura dramática y la social (según la raza, la edad, el sexo y jerarquía).

23. Pellettieri, Osvaldo, "Cuatro textos de nuestro tiempo o La continuidad de una voluntad modernizadora", Estudio Preliminar a *Del parricidio a la utopía: el teatro argentino actual en cuatro claves mayores. Ricardo Monti, Roberto Perinelli, Eduardo Rovner y Mauricio Kartun.* (Ottawa: Girol Books, Inc., 1993).

Desde su posición *neohistoricista* sobre el teatro, Pellettieri considera que las cuatro piezas que componen la antología son parte de la evolución del sistema desde los años 70 hasta hoy, particularmente la obra de Monti, quien se ha convertido en *autor faro* como productor de otros textos dentro del sistema. En su análisis de *Una noche con el Sr. Magnus & hijos* considera que los cambios en la nueva versión no son relevantes, a diferencia de lo que señalaba para *Historia tendenciosa...* Marca la revalorización posterior que produjo la investigación con respecto a su recepción crítica inmediata y señala el alejamiento de la obra con respecto a los procedimientos realistas, la estilización y la presencia de artificios de la neovanguardia y el expresionismo, y la búsqueda de "un efecto desautomatizante en el receptor" por medio de una semántica teatralista.

24. Sagaseta, Julia Elena, "El placer del texto", en *Teatro 2*. III, n° 4, Buenos Aires, (julio 1993), pp. 20-2.

Realiza un paneo sobre la producción principal de Monti, poniendo el acento en su condición de escritor de un género literario, el teatral. Se detiene en las últimas obras (*Una pasión sudamericana* y *La oscuridad de la razón*), donde observa el crecimiento de la palabra poética, por medio de la utilización de figuras o de formas rítmicas. *La oscuridad de la razón* conjuga la tragedia con el misterio medieval, y Sagaseta encuentra en ella elementos que ya estaban esbozados en la primera, *Una noche con el Sr. Magnus & hijos*, por ejemplo, la dicotomía civilización/barbarie, que se irá desarrollando a lo largo de toda su producción posterior.

25. López, Liliana, "Poéticas refuncionalizadas. Mito e Historia en *La oscuridad de la razón*, de Ricardo Monti", en *El teatro y los días*, Tomo III de la Coll. Estudios sobre Teatro Iberoamericano y Argentino, Editor Osvaldo Pellettieri, (Buenos Aires: Galerna);pp. 101-109.

Toda la producción de Monti es considerada como un gran *texto*, dentro del cual *La oscuridad de la razón* conforma una trilogía junto a *Una pasión sudamericana* y *Asunción*. Se analiza el funcionamiento de los intertextos de la tragedia griega (la *Orestíada* de Esquilo) y el misterio medieval, en distintos niveles –la fábula, los procedimientos, y el aspecto semántico– y la estética estructuradora: el *barroquismo*, una de cuyas figuras preferidas (el oximoron) se presenta en el aspecto verbal e ideológico, mediante los pares de oposiciones, entre ellas, el mito y la historia.

Entrevistas

Adip, Jorge, "Reportaje a Ricardo Monti", en *Fronteras*, 1-2 (febrero 1979), pp. 19-22.

Driskell, Charles, "Conversación con Ricardo Monti", en *Latin American Theatre Review*, 12/2 (Spring 1979), pp. 45-53.

Pellettieri, Osvaldo, "Un teatro de reflexión", en *La Escena Latinoamericana*, 2, (agosto 1989), pp. 75-78.

Roster, Peter, "La pasión como enigma, entrevista a Ricardo Monti", en *La Escena Latinoamericana*, 5 (diciembre 1990), pp. 34-40.

Pacheco, Carlos, "Del parricidio a los verdugos", en *Celcit*, año 2, n° 3 (otoño 1992), pp. 64-66.

Giella, Miguel Ángel, "Una noche con Ricardo Monti e hijos", en *De dramaturgos: Teatro Latinoamericano Actual*, Coll. Dramaturgos Argentinos Contemporáneos, Buenos Aires: Corregidor, 1994, pp. 118-126.

ÍNDICE

Trayectoria de Ricardo Monti 7

El Teatro de Ricardo Monti (1989-1994):
la resistencia a la modernidad marginal
por Osvaldo Pellettieri 9

Una pasión sudamericana 53
La oscuridad de la razón 115
Asunción 227

Bibliografía crítica, por Liliana B. López 245

Este libro se terminó de imprimir en
GAMA Producción Gráfica S.R.L.
Zeballos 244 - Avellaneda
Octubre de 2005